Vanessa Newton

Schlimmer geht's immer

VANESSA NEWTON

SCHLIMMER GEHT'S IMMER

www.domina-vanessa.at

ISBN 978-3-99025-100-3

Cover: freya_art
Coverfoto: Andreas Stejskal
Bilder innen: Vanessa Newton, Andreas Stejskal
Satz: Daniela Waser, www.cargocollective.com
Lektorat: Mag. Walter Schimitschek

printed in EU

Ich widme dieses Buch,

Edith, einer ganz lieben Freundin, Magda, die mich schon sehr lange kennt und immer für mich da war, Karin, die ich schon seit über 20 Jahren kenne, mit der ich die beste Zeit meines Lebens verbracht habe, Erika, bei der ich in Spanien gewohnt habe, die leider schon verstorben ist. R.I.P. Ich werde Dich nie vergessen.

Meinen Eltern, die zwar nicht immer mit allem einverstanden waren, die mich aber trotzdem nie fallen gelassen haben und immer zu mir gestanden sind. Joel, meinem geliebten Hund, der mich immer beschützt hat und immer im Lokal mit war, leider ist er mit 2 Jahren gestorben. R.I.P.

Coco, meiner französischen Bulldogge, meiner kleinen Diva Lili, die mir in den schwersten Stunden mit Joel zur Seite gestanden ist. Und Erwin, meinem besten Freund, den ich seit ca. 20 Jahren kenne, der auch bei mir war, als Joel im Sterben lag.

Und allen anderen Freunden und Bekannten, die trotz meinem nicht normalen Leben immer zu mir gestanden sind und noch immer zu mir stehen.

Meiner lieben Freundin Diana, Martina Reuss, die dafür gesorgt hat, dass mein Buch fehlerfrei ist und Monika, einer ganz liebe Freundin, die ich seit 30 Jahren kenne, die mir auch in den schwersten Stunden mit Joel zur Seite stand und natürlich all meinen Sklaven, mit denen die Sessions, die wir zusammen hatten, immer super waren.

Vorwort

Sehr geehrte Herrin,

ich möchte mich bei Ihnen untertänigst als Kriecher bewerben und ich kann Ihnen versichern, dass mir klar ist, dass ich zu Ihrem Vergnügen da bin. Ich kann Ihnen versichern, dass mir bewusst ist, wie man eine Lady behandelt.
Ich bin sehr devot veranlagt und es ist für mich ein unbeschreibliches Gefühl von einer Lady erniedrigt zu werden. Meine Erfahrungen umfassen Fuß- und Schuhfetisch, Demütigungen jeglicher Art, wie bespucken und ohrfeigen lassen, verbale Erniedrigung, Leckdienste und Unterwerfung allgemein. Einen besonderen Reiz stellt für mich die psychische Erniedrigung dar, wo mir klar gemacht wird, dass ich zu nichts anderem tauge. Ich setzte mir wenig Grenzen, wobei Kinder und
Tiere selbstverständlich tabu sind.

In Erwartung
Ihr Sklavendreckstück

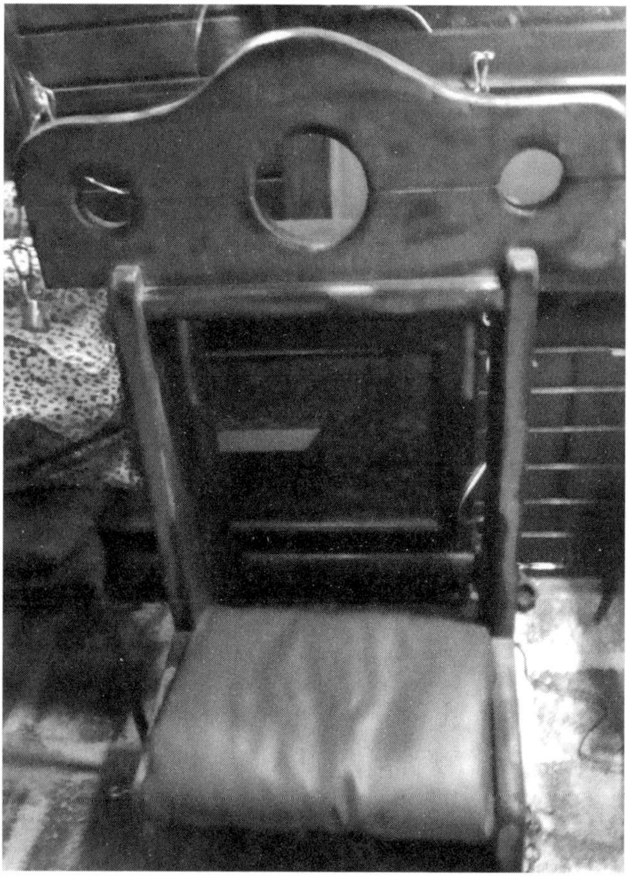

Pranger

Diese Zeilen lösten schon immer erotische Gefühle in mir aus.

Ich kann es selbst nicht sagen, warum das so ist oder wie es dazu gekommen ist. Entweder man hat diese Neigung oder eben nicht.

Es ist die Lust am Erleben und auch die Gestaltung jeder einzelnen Session. Da keine Session wie die andere ist. Jede ist einzigartig mit einzig artigen unartigen Sklaven.

Viele Leute fragen sich, warum wird man Domina, man wacht doch nicht einfach auf und ist eine Domina. Ich würde sagen, man wacht auch nicht auf und ist homosexuell. Ich denke, jeder Mensch hat gewisse Neigungen in sich, bei einem kommt es extrem durch, beim anderen nicht. Ich finde persönlich, dass jeder das machen sollte, worauf er Lust hat, solange niemand zu Schaden kommt und die Beteiligten alle damit einverstanden sind.

Über mich, Vanessa Newton …

Ich wurde 1977 geboren.

Meine Eltern und meine Familie waren ziemlich konservativ.

Ich wollte nie in den Kindergarten gehen und meine Mutter hatte echte Probleme, weil ich nicht dort blieb – so musste sie mich immer wieder mit nach Hause nehmen.

Ich hatte schon als kleines Kind fast immer meinen Willen durchgesetzt und war bereits damals sehr stur und willensstark, worüber ich natürlich auch relativ oft mit meinen Eltern diskutiert hatte.

Als Kind testet man ja immer seine Grenzen aus. Aber gerade als Kind braucht man auch Grenzen.

Als ich dann anfing in die Schule zu gehen, war es eine reinste Katastrophe, weil ich nie in die Schule gehen wollte, mir machte die Schule überhaupt keinen Spaß.

Das zog sich die ganze Schulzeit durch und meine Eltern und Lehrer hatten sehr viel Ärger mit mir, was mir egal war und mich überhaupt nicht beeindruckt hat.

Ich ließ sie einfach reden und somit hatte sich das für mich auch bald erledigt. Sie waren oft sehr ratlos, was sie mit mir tun sollten. Ich hatte es Ihnen ja auch nicht wirklich leicht gemacht, aber wenn ich etwas nicht wollte, dann wollte ich nicht, egal, was auch kam. Egal, welche Strafen ich auch von den Lehrern bekam, ich machte es einfach nicht. Ich machte meist das Gegenteil von dem, was man von mir erwartete bzw. verlangte.

In der Schule machte ich keine Hausaufgaben und prügelte mich oft mit Klassenkameraden. Ich sah damals überhaupt keinen Sinn darin, zur Schule zu gehen. Und lernen wollte ich schon gar nicht.

Meine Mutter setzte sich sehr oft mit mir zu Hause hin und wollte mit mir lernen. Alles vergeblich, weil ich einfach nicht wollte.

Es folgten endlose Diskussionen, die sowieso zu keinem Ergebnis führten. Ganz im Gegenteil, umso mehr sie mit mir lernen wollte, umso eher machte ich gar nichts. Wir saßen dann oft Stunden lang beim Tisch, die Schulsachen ausgepackt und nichts passierte.

Meine Mutter war oft sehr ratlos. Was ich aus heutiger Sicht sehr gut verstehen kann.

Aber ich war schon immer anders als alle Anderen. Ich bin immer gegen den Strom geschwommen und dasselbe mache ich auch heute noch.

Ich machte ihr das Leben nicht gerade einfach. Dann musste ich sogar einmal die Schule wechseln, weil ich mich ständig prügelte.

Eigentlich wollten meine Eltern mich in eine Klosterschule stecken, wozu ich gleich von Anfang an gesagt habe, dass ich dort nicht hingehen werde. Als ich dann die Schule wechselte, wurde alles nur noch schlimmer.

Ich hatte mit meinen Klassenkameraden und den Lehrern auch heftige Probleme, da ich mich absolut nicht anpassen wollte. Ich war zwar in der Schule anwesend, aber meistens nur körperlich. Geistig war ich gar nicht da. Mich haben auch meine Kollegen überhaupt nicht interessiert.

Oft bekam ich Strafaufgaben oder Mitteilungen für meine Eltern. Was aber auch gar nichts gebracht hatte.

Alles, was mit Schule zu tun hatte, in welcher Art und Weise auch immer, ging mir am A… vorbei.

In der achten Schulstufe war ich dann so gut wie gar nicht mehr in der Schule. Ich hatte anderes im Kopf.

Doch nun will ich Sie, liebe Leserinnen und Leser, nicht länger auf die Folter spannen. Dies ist meine Geschichte…

Die Sklavenbewerbungen

Sehr geehrte Herrin,

ich männlich ledig / sehr devot, Maso. / kurze, dunkle blonde Haare und blaue Augen / wohnhaft
in OÖ, versuche auf diesem Wege, eine strenge Anstellung als Putz- / Arbeits- / Privatsklave 24/7 zu finden.

Ich möchte mich nun hier bei Ihnen als Diener und Sklave bewerben und hoffe auf die Gnade, meine uneingeschränkte Loyalität und Ergebenheit unter Beweis stellen zu dürfen.

Warum bewerbe gerade ich mich als Sklave? Einfach, weil ich Ihnen sämtliche Arbeit abnehmen möchte. Ich möchte einfach, dass Sie sich dabei um rein gar nichts kümmern müssen. Dazu zähle ich ebenfalls Besorgungen etc., denn stellen Sie sich mal vor, Sie sitzen gerade gemütlich beisammen, es regnet draußen und Sie merken, Sie haben etwas vergessen, zum Bsp. etwas zu trinken oder etwas zu lesen etc. Nun haben sie zwei Möglichkeiten: Entweder Sie gehen selbst los, oder Sie schicken Ihren Dienstboten mit dem Auftrag, das und das zu besorgen, los. Ist letztere Möglichkeit nicht definitiv die bessere Alternative?

Selbstverständlich arbeite ich aus reiner Veranlagung und erwarte keine Gegenleistung in Form einer Session etc. Nein, alleine die Atmosphäre ist Lohn genug für mich. Ich sehe es als göttliches Geschenk von Ihnen an.

Ich bin bereit, mich voll und ganz hinzugeben, um unterworfen und in "Gebrauch" genommen zu werden.

Selbstverständlich habe ich keinen Wunschzettel, denn alleine Ihr Wohl und Ihre Zufriedenheit ist mein größtes Ziel.
Ich würde mich sehr freuen, wenn meine Herrin die Zeit findet, meine Bewerbung zur Kenntnis zu nehmen und meine Versklavung in Erwägung zu ziehen.

Ihr vielleicht zukünftiger untertänigster
Sklave

Ich hab ihm dann geschrieben, er soll sich bei mir telefonisch melden. Was er dann auch tat.

Unser Telefonat

Herrin Vanessa: Telefon läutet, ich heb ab und melde mich mit Hallo…
Sklave: Guten Tag Herrin, ich bin es, XXX. Ich hatte Ihnen ja eine Mail geschrieben.
Herrin Vanessa: Ich bekomme so viele Mails, um was geht es denn?
Sklave: Ich suche auf diesem Weg eine strenge Anstellung als Putz-, Arbeits- und Privatsklave, am besten 24/7.
Herrin Vanessa: Warum möchtest du dich gerade bei mir bewerben?
Sklave: Ich habe sie im Fernsehen gesehen und habe mich sofort in sie verliebt.
Herrin Vanessa: Und wie stellst du dir das genau vor?
Sklave: Ich möchte ihnen sämtliche Arbeit abnehmen. Ich bin bereit, mich voll und ganz hinzugeben, um unterworfen und in "Gebrauch" genommen zu werden.
Herrin Vanessa: Derzeit such ich keinen Sklaven, vielleicht zu einem späteren Zeitpunkt.
Sklave: Darf ich mich wieder bei ihnen melden?
Herrin Vanessa: Melde dich einfach in ein paar

Monaten wieder. Du kannst aber auch zu einer Session kommen.
Sklave: Vielen Dank, Herrin. Ich melde mich auf jeden Fall wieder.
Herrin Vanessa: Ist gut, tschüss …
Sklave: Bis bald, verehrte Herrin. Auf Wiedersehen.
PS.: Ein paar Tage später hat er mich angerufen und einen Termin für eine Session ausgemacht. Und er wurde dann ein Stammkunde von mir.

Ehrenwerte edle Lady,

mit Ihrer gnädigen Erlaubnis möchte ich mich hiermit für die exquisite Rolle Ihres devoten und hingebungsvollen Sklaven bewerben.

Ich möchte Ihnen meinen Geist und Körper anbieten, Sie können mich nach Ihren Bedürfnissen formen.

Erfahrungen durfte ich bisher sammeln als Schlagobjekt, TV, Diener, Pony, Aschenbecher, Möbelstück, Arbeiter, Chauffeur, Bi-Sklave, Vorführobjekt, NS-KV Toilette, Hund, Spucknapf,

Belustigungsobjekt. Zu gerne würde ich die Lady von meiner Einstellung überzeugen.
Sie werden in mir den Sklaven finden, den Sie schon immer gesucht haben. Ich möchte allein für eine edle FemDom Lady leben. Das wäre mir die größte Ehre. Bitte geben Sie mir diese Chance, werte Lady.

In voller Demut
Ihr Sklavendreckstück

Meinen ersten Freund hatte ich mit 13. Damals war ich alles andere als extrovertiert. S. war gleich alt und auch ziemlich schüchtern. Das Ganze ging damals von einer gemeinsamen Freundin von uns aus.

Mit 14 hatte ich dann einen anderen Freund, bei dem ich auch ab und zu übernachtet hatte. Er war ein paar Jahre älter als ich. In dieser Zeit entdeckte ich auch meinen Fetisch. Allerdings konnte ich ihm das nicht erzählen, weil er damit sowieso nichts anfangen konnte. Deshalb fing ich erst gar nicht damit an. Er war ein ganz Netter, damals waren wir jungen Leute noch anderes als die heutige Jugend. Unsere Beziehung war nicht von langer Dauer, da ich damals nur das Fortgehen im Kopf hatte und er damit gar nichts anfangen konnte und es auch nicht verstanden hat.

Sehr geehrte Königin meiner geheimsten Wünsche,

ich bin schon sehr lange auf der Suche nach
einer Herrin, der ich alleine dienen darf. Es ist
leider nicht einfach, so eine Herrin zu finden. Ich
werde Sie glücklich machen und Ihnen dienen,
wann immer Sie Lust und Laune dazu haben.
Ich möchte Ihnen mit Leib und Seele als Ihr
persönlicher Diener zur Verfügung stehen.
Ich bin sehr flexibel einsetzbar, belastbar –
psychisch wie physisch.
Meine Erfahrungen reichen von:
Bondage, Branding, CBT, DWT, diverse Rollenspiele, Plugs, Facesitting, Fisting, Flagsession,
Fuß/Stiefelerotik, Gerte und Rohrstock.
Ich liebe die englische Erziehung.

Ich hoffe von Ihnen zu hören,
unterwürfigst Ihr Sklave

Ich war mit meinen Freunden, die alle ein paar Jahre älter waren als ich, jeden Tag unterwegs.

Meine Eltern hatten es mir zwar nicht erlaubt wegzugehen, aber ich schnappte mir einfach den Hund und nahm ihn in die diversen Lokale mit. Es war ein Cockerspaniel, Danny, er war ein braver Hund. Er blieb die ganze Zeit liegen, solange, bis wir wieder nach Hause gegangen sind.

Geld hatte ich zwar keines, aber meine Freunde bezahlten immer alles für mich.

Sehr geehrte Herrin,

Meine an Sie gerichtete Bewerbung basiert
nicht auf der Grundlage zu behaupten, wie hart
Sie mich permanent schlagen können oder auf
irgendeinem Versprechen, was Sie nicht alles
mit mir tabulos anstellen könnten! Vielmehr
habe ich meine Bewerbung geschrieben, da ich
den Wunsch habe, mich einer Frau psychisch
und physisch unterzuordnen, Ihr Wohl über
das meine zu stellen, Ihnen zu gehorchen und
Ihre Befehle zu erfüllen. Mein Bedürfnis ist es,
von einer Frau zu lernen, entsprechend ihren
Wünschen zur Verfügung zu stehen. Was Sie von

mir erwarten können: Loyalität, tiefste Dankbarkeit, Ehrlichkeit, Pflichtbewusstsein, Pünktlichkeit, Zuverlässigkeit, Diskretion, Intelligenz, Sauberkeit und ein gepflegtes Auftreten sind die wichtigsten Eigenschaften, die meinen Charakter als Sklave tragen. Meine Erfahrungen: Klistier, Katheder, Harnröhrendehnungen, Fisting, Klammern, Gewichte, Abbindungen, Wachs, Pranger, Fixierungen, Zucht mit der Peitsche und Paddel. Verschiedenste Rollenspiele, auch als DWT inkl. totaler Feminisierung, auch im Outdoor-Bereich. Natursekt, Fußanbetungen sowie Schuhfetischismus, Masken, Knebelungen und Keuschhaltung, Petplay wie Fernerziehung. Tabus sind Kaviar, Branding, Cutting.

Untertänigst Ihr Sklave

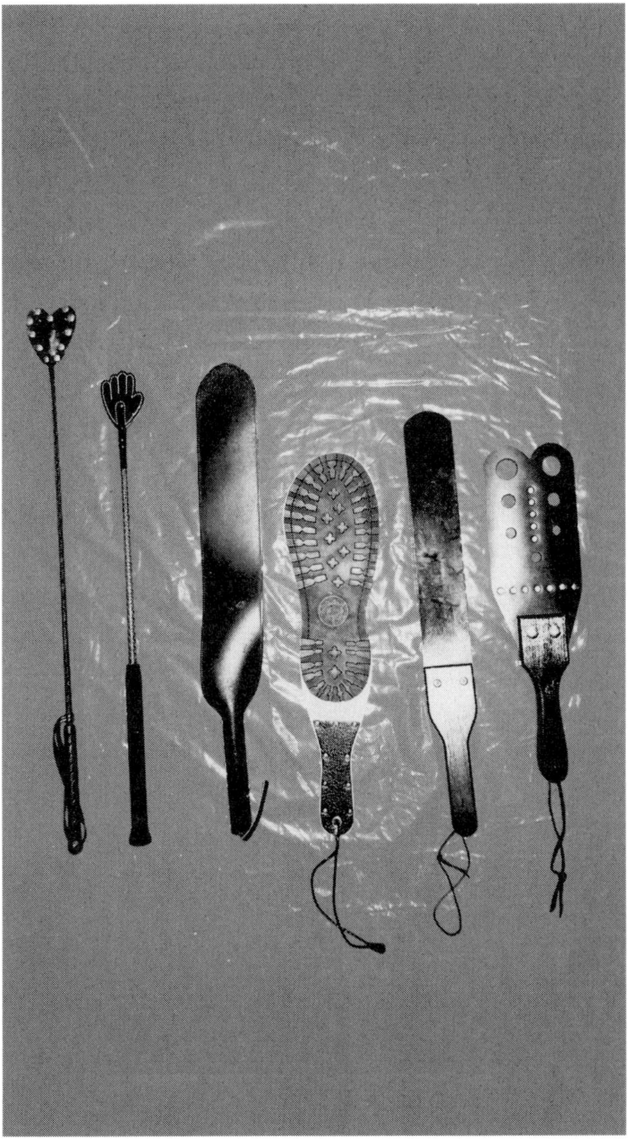

Diverse Schlaggeräte

Ich hatte damals ein Lieblingslokal, welches den Eintritt allerdings erst ab 18 Jahren erlaubte.

Da ich mit dem einen Kellner zusammen war, durfte ich aber schon mit 14 hinein, obwohl er wusste, dass ich erst 14 war. Ich war damals die Jüngste im Lokal.

Die Lehrer und Schüler hatten keine Ahnung, dass ich Nächte lang nur fort war. Und wenn ich wieder mal in der Schule war, habe ich sowieso nichts mitbekommen, da ich vom Weggehen total müde war und nur froh war, wenn der Schultag vorbei war.

In den Lokalen und der Schule war ich immer schon sehr sexy unterwegs.

Meinen Lack- und Lederfetisch und auch meinen Overknee- und High-Heel-Fetisch hatte ich bereits im Alter von 14 Jahren.

Damals war das noch undenkbar in solcher Kleidung auf die Straße zu gehen. Prostituierte trugen damals auch diese Kleidung. Und Prostituierte haben mich schon immer fasziniert. Ich habe Sie immer bewundert, wenn sie mit ihren langen Pelzmänteln und den hohen Stiefeln auf der Straße gestanden sind. Ich habe mir sehr oft vorgestellt, selbst in Lack und Leder auf der Straße zu stehen, was ich aber nie gemacht habe. Ich liebte schon immer das verruchte, versaute Outfit. Es schaut einfach geil aus. Ich hatte mir die Sachen damals in einem Sexshop gekauft, weil es die Kleidung nur in den Sexshops gegeben hat. Oder ich habe Freunde von mir gebeten mir die Sachen zu kaufen. Nicht so wie heute, wo man sie im Internet bestellen und überall kaufen kann.

Und in der Berufsschule hatte ich meist sehr kurze Röcke und Hotpants an oder sonst auffallende Kleidung, womit ich bei der Direktorin auch keine gute Meinung hinterließ und sie mich des öfteren abmahnte, dass ich so nicht in die Schule kommen durfte.

Was zum Ergebnis führte, dass ich entweder gar nicht in die Schule kam und wenn doch, dass ich erst recht etwas anzog, was ihr nicht gefiel. Auffallen um jeden Preis - das war mein Motto, seit ich in die Berufsschule ging. Es machte mir riesen Spaß, wenn andere von meinem Outfit geschockt waren. Ich denke, die Schüler waren da verschiedener Meinung. Einige hätten vielleicht selbst gerne so etwas getragen, es aber nie zugegeben, weil sie Moralaposteln waren. Das war ich zum Glück nie und werde ich auch nie sein.

Sehr verehrte Gebieterin,

Grundsätzlich bin ich sehr devot, weniger masochistisch veranlagt.

Ich weiß, dass es mir in meiner Rolle als Ihr Spielzeug nicht zusteht, besondere Ansprüche oder gar Forderungen an Sie zu haben, es ist mein größter Traum, mich einer selbstbewussten und dominanten Lady unterordnen zu dürfen, ihren Willen über den meinen zu stellen, ihr treu zu dienen und ihr Leben zu verschönern, in jeder Form, die mir möglich ist oder mir befohlen wird, damit Sie Ihre Neigungen, Fantasien und Träume exzessiv ausleben können.

Um Ihren hohen Ansprüchen zu genügen, darf ich Ihnen versichern, dass ich nicht nur physisch topfit, sondern auch psychisch belastbar bin und bereits auf einige Erfahrungen zurückblicken kann, die mir sicher helfen werden, mich rasch an meinen Platz zu Ihren Füßen zu gewöhnen.

Wenn ich daran denke, wie ich vor meiner Herrin knien darf und demütig ihre Schuhe sauber lecke, um ihr meine Hingabe zu beweisen, kann

ich es kaum erwarten. Unter Ihrer strengen Führung werde ich Ihnen ein demütiger, gehorsamer und unterwürfiger Diener sein.
Ich möchte Ihr Tisch, Sessel, Spucknapf, Diener, Hund, Pony, TV-Nutte sein.

Ich verbleibe mit devoten Grüßen,

Ihr Knecht

Schon mit 15 war ich das erste Mal in einem Swingerclub, allerdings hat es mich eher gelangweilt als fasziniert. Gemeinsam mit meinem Freund, der Polizist war, gingen wir des öfteren in solche Clubs. Eigentlich absurd, dass mein Freund Polizist war und mit mir in solche Lokale ging. Wir waren immer wieder mal in einem Swingerclub, aber sexuell aktiv war ich dort nicht. Es interessierte mich auch nicht. Das Einzige, was mich dort interessierte, war der SM-Raum. Ich fand das alles sehr spannend, die ganzen Geräte und Möbelstücke. Ich hatte ja keine Ahnung, was man damit alles Tolles machen kann.

Ich bin schon seit Längerem auf der Suche nach einer Frau, die das Spiel von Dominanz und Demut beherrscht.

Ich liebe es, bedingungslos ausgeliefert zu sein, damit dann mein Körper, meine Seele als Spielfeld einer DomSad-Frau zur Verfügung steht.
Ich möchte nichts Anderes, als Ihnen voll und ganz dienen in jeder Hinsicht.
Sie können mich benutzen, wie Sie wollen.
Alles ist ausgeblendet, denn Sie strahlen über alledem.
Ich möchte Ihr gefesseltes, angekettetes, wehrloses Opfer sein und nur Sie, meine Göttin, bestimmen, was passiert.
Sie fesseln und vergewaltigen mich nach Lust und Laune.
Meine Hingabe wird bedingungslos sein, Ihr Vergnügen grenzenlos ...

Diese Worte hatten für mich immer schon etwas Erotisches, Lustvolles, ja Außergewöhnliches. Es verlangte nach mehr.

In der Schule hatte ich auch einen Lehrer, der mich des öfteren aus der Klasse holte und mit mir privat Gespräche führte, während die Anderen inzwischen in der Klasse Unterricht hatten.

Der Lehrer wollte mich immer privat in der Freizeit treffen, was ich aber nie machte. Er war von mir fasziniert, weil ich anders war als die Anderen. Ich hatte schon immer diese gewisse Ausstrahlung, auch wenn ich selbst gar nichts machte. Die Männer waren hinter mir her wie die Rüden bei einer läufigen Hündin. Für mich war das immer schon normal. Es amüsierte mich sehr.

Schon in der Schule verprügelte ich meine Klassenkameraden und trug sehr gerne Lack und Leder.

Mit 15 hatte ich dann das erste Piercing und das erste Tattoo folgte auch schon bald. Auch das war und ist ein Fetisch von mir.

Schon in der Lehre war mir klar, dass mein Weg ein anderer war als mein Dasein in einem Büro oder sonst wo in einem normalen Job zu fristen.

Noch dazu war mein damaliger Chef entsetzt über mein Tattoo, welches zwar recht klein war, aber im Sommer konnte man es natürlich sehen, da es am Oberarm war.

Heute ist ein Tattoo oder ein Piercing kein Thema mehr, ganz im Gegenteil.

Damals war ein Tattoo oder Piercing was Besonderes und meist negativ behaftet.

Mein Chef war sehr konservativ und total geschockt und mir war es wie immer egal.

Werte Lady!

Ich liebe es zu dienen, eine Frau zu verwöhnen, Befehle auszuführen, gedemütigt zu werden, abgerichtet und erzogen zu werden usw.

Meine Grenzen sind: extreme Schmerzen und alles, was Spuren hinterlässt, Kaviar & Natursekt.

Meine große Sehnsucht ist es, endlich einer Dame dienen zu dürfen und zu müssen.

Ihr ergebener Diener,
Sklave

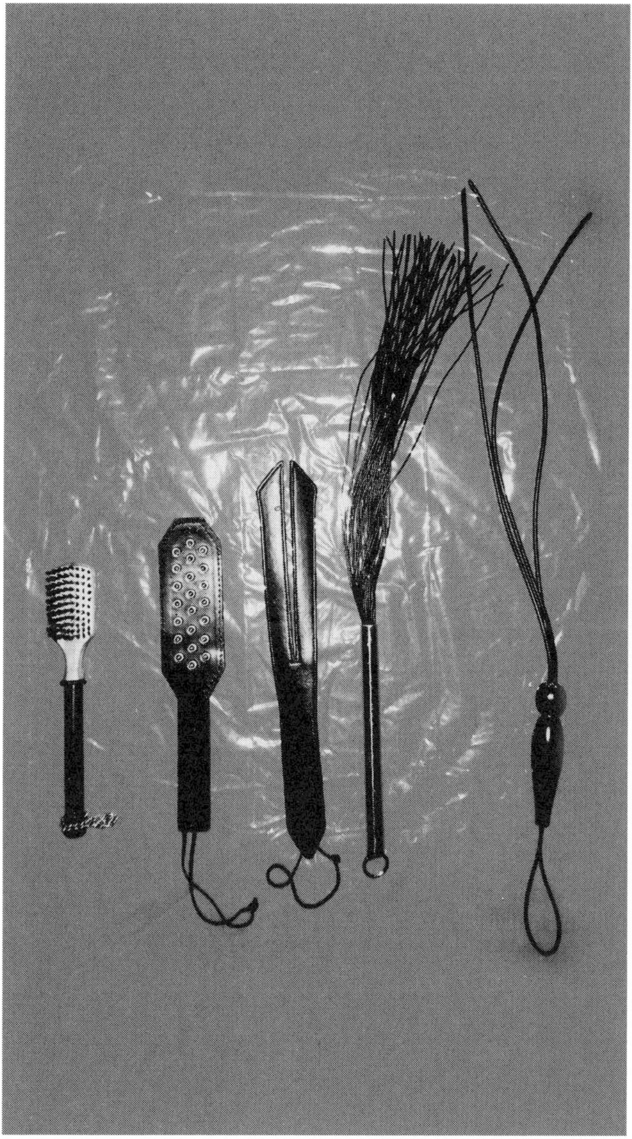

Diverse Schlaggeräte

Ich mochte es nie, von jemand kontrolliert zu werden, schon in der Schule nicht. Und deshalb tat ich immer das, was ich für mich richtig hielt.
Auch wenn es nicht immer das Beste für mich war.

Von da an hatte ich dann diverse Jobs: Bürojobs, Immobilien, Bankangestellte, ... aber all das war für mich nicht das Richtige. Meine Familie konnte es einfach nicht verstehen, warum ich diese „tollen", gut bezahlten Jobs nicht machen wollte und nicht ausgehalten habe.

Mit 14 hatte ich mein erstes Lack- und Leder-Fotoshooting und mein Lack- und Leder-Fetisch wurde immer stärker.

Sehr geehrte Dame!

Ich liebe und verehre dominante Damen. Ich suche schon lange eine BDSM-Beziehung. Ich bin belastbar und sehr devot. Ich will einer strengen Herrin dienen. Ich bewerbe mich gerne bei Ihnen als Sklave und stehe für viele Erziehungsmethoden zur Verfügung, wie Gewichte, Klammern, Natursekt und Kaviar, die Peitsche, Rohrstock, Spanking, Spuckfetisch, Strapon, Wachsspiele und Zwangsentsamungs-Sessions mit anderen Sklaven, Ketten- und Käfighaltung, Keuschhaltung, Klinik (Einläufe, Hodensackinfusion, Katheter, Nadeln), verbale Erniedrigung, Vorführung.

Ich würde Sie verwöhnen, bedienen und stehe Ihnen als Sklave für Ihre Wünsche zur Verfügung. Ich liebe es konsequent und durchaus manchmal auch grausam.
Ich bin stets zu Diensten und freue mich auf eine positive Antwort.

Mit 16 hatte ich dann einen Freund, der einige Hotels im Ausland hatte. Er sprach nur Englisch und ich nur Deutsch. Aber durch ihn lernte ich die englische Sprache. Seither liebe ich diese Sprache. Er hatte einen Porsche und brachte mich immer überall hin, auch wenn er selbst nicht mitging. Er holte mich auch immer ab. Dieser Mann hätte alles für mich getan. Aber auch er war mir zu langweilig. Was viele meiner Freunde nicht verstanden. Ich könnte mich glücklich schätzen, weil er echt alles für mich tat.

Ich hatte immer Männer, die alles für mich machten. Mit 13 schon und mit 14, wie ich anfing wegzugehen, wollten die Männer sofort eine Beziehung und Kinder mit mir. Meine Freundin hat das nie gepackt, wir reden heute noch oft drüber.

All das, was alle Frauen / Mädchen haben wollten, hatte ich massenhaft bzw. konnte ich massenhaft haben, aber es interessierte mich einfach nicht. Es gab oft Auseinandersetzungen zwischen mir und anderen Mädels wegen irgendwelchen Typen, die mich sowieso nicht interessierten. Aber die anderen Mädels waren auf mich immer total eifersüchtig und drehten durch.

Damals ging ich mit meiner Freundin auch Kickboxen. Beim Training hatten wir einen Trainer, der sich in mich verliebte und ich war genervt. Meine Freundin und ich waren schon immer sehr sportlich. Wir waren damals eine ganze Gruppe, die alle ein Moped oder Motorrad hatten. Das Wilde reizte mich schon immer. Ich bin damals auch Motocross und Speedway gefahren. Es war eine geile Zeit, die ich nicht missen möchte.

Eines Tages saßen meine Freundin Eli und ich in der Stadt auf einer Parkbank, als wir einen sehr bekannten Schauspieler mit seinem Bodyguard vorbeigehen sahen. Wir beschlossen, sie anzusprechen. Der Bodyguard Gery hat uns dann eingeladen, mit ihnen mit in ein Lokal zu gehen, welches zufällig eines unserer Stammlokale war. Die

Kellner hatten alle anderen Gäste von Gery und uns abgeschottet. Sie wollten uns auch in einen anderen Raum schicken, aber Gery sagte, Nein, die Zwei gehören zu uns.

Die Leute haben es nicht gepackt, weil Eli und ich immer aufgefallen sind und wir bei den Stars bleiben durften und die anderen nicht. Wir haben dann die ganze Nacht mit den beiden im Lokal verbracht und getrunken ohne Ende. Und Spaß gehabt. Die beiden sprachen ja nur englisch, was die Konversation anfangs nicht gerade leichter machte. Aber umso mehr wir getrunken hatten, umso weniger Probleme gab es, sich zu verstehen.

Es war ein genialer Abend. Auch heute reden wir noch oft davon. Ich wohnte ja damals noch bei meinen Eltern und hatte Gery die Telefonnummer von zu Hause gegeben. Man hatte ja nicht wie heute ein Mobiltelefon. Meine Eltern fragten mich natürlich, wer das war, der immer anruft und englisch spricht. Als ich ihnen dann sagte, wer das war, haben sie es gar nicht geglaubt. Es war ja auch unglaublich, aber es war einfach so. Die Leute, denen wir das erzählt hatten, haben uns auch nicht geglaubt. Es ist ja schon komisch, dass man auf einer Parkbank sitzt und dann so eine einzigartige Begegnung hat. Das passiert ja auch nicht jeden Tag im Normalfall. Aber wir waren eben schon immer anders als die Anderen und so passierten genau diese Dinge immer uns. Für uns war es mit der Zeit nichts Besonderes mehr. Worauf die Anderen wie immer neidisch waren. Wir sorgten immer schon für Gesprächsstoff und wir haben es genossen, wenn die anderen es nicht gepackt haben. Und das zieht sich durch bis heute. Immer passieren solche Sachen mir. Ich bin der Meinung, es ist gut, wenn man im Gespräch ist, egal ob positiv oder negativ, dann ist man für die Leute interessant. Wenn man nicht interessant ist, wird auch nicht über einen gesprochen.

Wir lernten damals auch zwei Polizisten kennen, die uns nach unserem Ausweis fragten. Wir hielten das Ganze für einen Scherz, weil es keinen Anlass dazu gab. Was sich dann herausstellte, war, dass sie uns einfach kennenlernen wollten. Und kurze Zeit später machten wir zu viert eine Bootsfahrt, die auch wieder für Gesprächsstoff sorgte. Wir fuhren nämlich genau bei den Lokalen vorbei, wo wir immer weggegangen sind und Leute, die wir kannten, standen am Ufer und sahen uns im Polizeiboot. Die haben es dann wieder mal nicht gepackt.

Eine Affäre oder eine Beziehung wollten wir allerdings nicht mit unserer Bekanntschaft. Sie waren doch um einiges älter. Aber Spaß hatten wir auf jeden Fall.

Ich wollte schon immer frei sein und das tun, wozu ich gerade Lust habe. Und mit 16 wurde auch mein Interesse an der SM-Szene immer größer.

Guten Tag!

Ich kann mir eine professionelle Domina nicht leisten.
Ich bin aber sehr unterwürfig. Und diene sehr gerne.
Vielleicht suchen Sie ein Objekt an dem Sie sich austoben können.
Ihr ergebener Sklave!

Ich war gerade mal 16, als ich in der Stadt nichts ahnend spazieren ging. Als mich plötzlich von der Seite ein Herr ansprach, was für sexy Schuhe ich nicht hätte. Er wusste natürlich nicht, dass ich erst 16 war, da ich damals älter aussah. Er fragte mich, ob wir uns nicht einmal in einem Hotel treffen möchten. Er möge keinen Sex, aber mein Sklave sein. Im ersten Augenblick wusste ich nicht, ob das wirklich ernst gemeint war. Weil wer spricht jemanden auf der Straße an und stellt so eine Frage. Wir unterhielten uns dann eine kurze Zeit und er wollte es wirklich.

Wir machten uns am nächsten Tag einen Treffpunkt aus und gingen in ein Hotel in der Stadt. Er brachte auch ein paar Sachen mit, Peitsche, Brustgeschirr ... Es faszinierte mich sehr, obwohl ich nicht wirklich wusste, was ich damit anfangen soll. Andreas erklärte mir dann, was man wie verwendet und meine Faszination wurde immer größer. Es blieb auch nicht bei diesem einem Treffen.

Wir trafen uns regelmäßig jede Woche immer am gleichen Ort und er brachte auch immer neues Spielzeug mit. Bei unserem ersten Treffen musste ich lachen, weil ich es einfach nicht fassen konnte, was ich tat. Ich war von mir selbst überrascht. Andreas verstand es, weil er ja wusste, dass ich nicht wirklich Erfahrung darin hatte.

Er war ein sehr netter Mann und ca. 20 Jahre älter als ich. Eines Tages brachte er dann Overknee-Stiefel und Lackwäsche für mich mit. Ich freute mich sehr über die Geschenke und habe sie zu Hause in einem Kasten versteckt. Die Stiefel waren wundervoll. Es waren schwarze Lederstiefel aus sehr weichem Leder. Es war fast wie eine zweite Haut auf meiner Haut. Und das rote Lackoberteil war wie für mich geschneidert. Alles passte perfekt. Anfangs fühlte ich mich nicht so richtig wohl in den Sachen, aber dann fing es an, mir immer mehr und mehr zu gefallen. Wir haben uns ca. sechs Monate jede Woche getroffen, bis ich dann nicht mehr wollte. Und so gingen wir beide wieder unsere getrennten Wege.

Ich habe dann immer wieder Männer getroffen, mit denen ich eine Session machte und die mir immer wieder Neues beibrachten. Schon damals hatte ich mir auch immer Domina-Videos angeschaut und es war sehr faszinierend.

Schon damals machte es mir sehr viel Spaß jemanden zu fesseln, auszupeitschen …

Leider konnte ich all das nicht so ausleben, wie ich es gerne wollte.

Wegen privater und familiärer Umstände.

Im Nachhinein betrachtet hätte ich auf all die Umstände pfeifen sollen.

Werte Herrin!

Ich bin sehr exhibitionistisch gelehrig und gehorsam und möchte sehr gerne als Nacktspielzeug dienen.

Folgende Erfahrungen bringe ich mit: CBT, Abbinden, Wachs, Klammern, Strapon, Gewichten, Dilator, NS, KV, Strom.
Außerdem bin ich ein leidenschaftlicher Onanist.
Gerne können Sie mich als Spielzeug, Putz- und Leibsklave ausbilden.

In demütiger Erwartung

Mein Motto: Ich scheiß auf die Moral, was hat man schon davon? Dieses Motto zieht sich schon mein ganzes Leben durch. Und ich bin sehr froh darüber. Da ich immer sehr gut damit gefahren bin.

Außer das die ganzen Moralapostel selbst oft die schlimmsten sind und es nur nicht zugeben wollen.

Leider ist die Gesellschaft noch immer sehr beschränkt, was in unserem Zeitalter eigentlich sehr traurig ist. Mir ist es persönlich egal, was wer macht, solange niemand zu Schaden kommt und die Beteiligten sich einig sind.

Sehr geehrte gnädige Frau

Ich wurde sehr vielseitig ausgebildet z. B. als Putzsklave, Kellner, Hausmann, Toilette, PET Play. Erfahrungen habe ich mit Spanking, Aufhängen, CBT, Facesitting, Vorführung, Feminisierung, Nadeln, Wachs, Strom, Dilatoren, Katheter, Klistier ...
Ich möchte Ihr Eigentum sein und für Sie auf den Strich gehen, um für Sie Geld zu verdienen und Ihnen alles zu ermöglichen.
Ich benötige kein Geld, lediglich etwas zu essen und zu trinken.
Alles andere möchte ich Ihnen überschreiben.
Mein Haus, mein Auto, alles, was mir gehört.
Ich flehe Sie an, mich als 24/7-Sklave zu halten.

In Demut
Ihr Eigentum

In meinen Jobs hatte ich immer Probleme mit Vorgesetzten, weil die ihre Angestellten oft für blöd verkaufen. Sie lassen ihre Mitarbeiter alle

Sachen für sie erledigen und Dank oder Achtung bekommt man dafür meist keine. Die männlichen Chefs wollten immer mehr von mir, was ich aber nicht wollte und die weiblichen Chefs waren eifersüchtig auf mich. So oder so gab es immer Probleme mit den Chefs, wofür ich aber nichts konnte und ich konnte das auch nicht ändern.

Somit hatte sich für mich das Thema „normal" arbeiten gehen auch sehr rasch wieder erledigt.

Mit Ende 19 arbeitete ich dann in einem anderen Bundesland, wo ich ein Mädchen kennenlernte. Sie war auch als Kellnerin tätig, so wie ich. Sie war aus Schweden und fragte mich, ob ich nicht Lust hätte mit ihr nach Schweden zu fliegen, obwohl wir uns gerade erst kennen gelernt hatten.

Ich war sofort dabei und besorgte mir ein Flugticket. Da ich allerdings meine Hündin mithatte – ich habe mir mit 19 einen Dobermann gekauft – musste ich noch jemanden suchen, der in der Zeit, wo ich weg wäre, auf meine Hündin aufpasste. Schnell fand sich jemand für sie und ein paar Tage später war ich dann mit Sibill in Schweden.

Wir gingen in Stockholm spazieren, als wir zufällig einen Gast trafen, der zu mir ins Lokal kam. Er und ich waren sehr überrascht, als wir uns plötzlich gegenüberstanden. Ich wusste zwar, dass er aus Stockholm war, aber hatte nie damit gerechnet, ihm dort zu begegnen. Harry hat mich dann zum Essen eingeladen und Sibill ging shoppen und traf sich mit Freunden. Es war ein sehr netter Nachmittag, vor allem weil es ja nicht geplant war. Stockholm hat mir sehr gut gefallen, nur das Essen war nicht nach meinem Geschmack und es ist alles sehr teuer dort. Man kann dort auch nicht einfach wie bei uns unbeschränkt Alkohol einkaufen, sondern man bekommt eine Nummer und darf nur eine gewisse Menge kaufen.

Die Familie von Sibill war sehr nett und wir verstanden uns sehr gut. Sie machten mit uns auch diverse Ausflüge und kochten jeden Tag. Nach zwei Wochen flog ich dann wieder zurück nach Österreich. Ich holte meinen Hund ab und fuhr wieder zurück nach Wien.

Guten Tag Madame

Ich bin sehr experimentierfreudig und liebe es,
einer Dame sexuell ausgeliefert zu sein. Auf folgenden Gebieten durfte ich bereits Erfahrungen sammeln:
Leckdienste, Bondage, Klammern, Gewichte, Kerzenwachs und Eis, Anal-Massagen & Strapon, Fisting, Analdehnung, Ketten, Inhaftierung,

Kerker, Gefängnis, CBT, Plugs und auch als Nadelkissen, NS

Ich muss es fühlen, dass ich Ihr völlig wehrlos ausgeliefertes Lustobjekt bin, mit dem die Herrin alles anstellt, worauf SIE gerade Lust hat!
Ich liebe es, wenn mein Schwanz und meine Eier nahezu tabulos hart und schmerzhaft gequält werden.

In Demut erwarte ich Ihre geschätzte Antwort.

Kurze Zeit später flog ich dann mit einer damaligen Freundin nach Spanien, weil ich dort arbeiten wollte. Ich wollte einfach nur noch weg. Ich war immer schon ein Weltenbummler und habe es nie lange an einem Ort ausgehalten. Man lernt sowieso überall neue nette Leute kennen.

Mein Freund, mit dem ich gerade einmal ein paar Monate zusammen war, wusste nicht, dass ich am Weg nach Ibiza war. Als er mich anrief, waren wir schon am Flughafen von Ibiza. Er machte mir eine Szene und ich legte den Hörer einfach auf. Somit hatte sich auch diese Beziehung erledigt.

In Österreich hatten wir schon alles fix ausgemacht wegen Unterkunft, Job … usw. Ich hatte damals meinen Dobermann dabei, was auch mit dem Chef in Spanien abgesprochen war.

Als wir dann in Spanien ankamen, teilte uns der Chef mit, dass es nicht möglich ist, mit Hund in die Wohnung einzuziehen, da dort schon jemand mit zwei Katzen wäre. Wir dachten uns nur, na toll.

Meine Freundin und ich hatten nicht sehr viel Bargeld dabei, weil wir ja mit dem Job gerechnet hatten. Da wir eine fixe Zusage hatten.

Und es kam noch schlimmer: Meine Bankomat-Karte hatte einen Defekt und funktionierte nicht mehr.

Nun saßen wir am Flughafen von Ibiza mit komplettem Gepäck, Hund und One-Way-Ticket.

Wir wussten nicht, dass die Spanier keine Hundeliebhaber sind und es daher auch sehr schwierig ist, eine Unterkunft zu bekommen.

Wir verbrachten zwei Tage und Nächte am Flughafen, weil uns niemand helfen konnte, da wir einen Hund dabei hatten.

Am zweiten Tag setzte sich ein Engländer zu uns auf die Bank, sie hatten ihn verhaftet wegen einer Schlägerei und er erzählte uns, dass er nicht wüsste, was er jetzt tun soll, da sein Flieger schon gestern abgeflogen war, während er aber im Gefängnis saß.

Er war sehr nett und brachte uns etwas zu essen und zu trinken. Als er dann unsere Geschichte hörte, warum wir am Flughafen schliefen, glaubte er zuerst, dass es ein Scherz wäre. Leider war es aber kein Scherz, sondern die bittere Wahrheit.

Meine Freundin und ich dachten schon daran etwas anzustellen, dass wir auch in die Zelle kommen, dann hätten wir wenigstens eine Unterkunft. Aber diesen Gedanken vergaßen wir dann auch wieder ganz schnell.

Später am zweiten Tag am Flughafen kam ein Spanier auf uns zu und bot uns eine kleine Wohnung an.

Emilio brachte uns zu der Wohnung, die von einer älteren Dame verwaltet wurde.

Die Dame namens Erika machte uns die Türe auf. Sie sprach anfangs nur spanisch, und als ich dann etwas auf Deutsch sagte, meinte sie: Ach, ihr sprecht ja deutsch.

Was die ganze Situation natürlich um vieles leichter machte.

Sie fragte uns, wie wir hier hergekommen waren und wir erzählten ihr unsere Geschichte.

Emilio, der uns die Wohnung vermietet hatte, war ein richtiges Arschloch, weil er unsere Situation völlig ausgenutzt hatte.

Damals war noch Schilling-Zeit und er verlangte von uns pro Person und Tag 500 Schilling.

Was wir dann auch zahlten, weil wir ja keine andere Möglichkeit hatten.

Nach einer Woche war unser ganzes Geld weg.

Und was wir nicht wussten, war, dass Emilio die Wohnung gar nicht gehörte, sondern einem deutschen Freund von ihm. Dieser Freund wusste nicht, dass Emilio die Wohnung an uns vermietet hatte, weil er es nicht erlaubt hätte.

So mussten wir nach einer Woche auch aus dieser Wohnung raus.

Meine Freundin hatte Glück und bekam nach langem Hin und Her ein Ticket über die Botschaft.

Ich leider nicht, da alle Flüge ausgebucht waren und pro Flug nur ein Tier mit durfte.

Mein Albtraum begann jetzt erst richtig. Meine Freundin war weg, ich hatte keine Unterkunft und kein Geld mehr.

Erika, die ältere Dame, war so nett, dass ich zumindest meinen Koffer bei ihr lassen konnte und ich nahm meine Hündin und ging Richtung Strand. Da man allerdings am Strand keinen Hund mitnehmen durfte, verbrachte ich die nächsten Tage mit meiner Hündin auf den Felsen.

Es schien, als ob die Tage niemals enden wollten.

Erika hatte selbst Katzen und einen kleinen Hund und so war es nicht möglich, dass ich bei ihr wohnen konnte.

Sie bot mir allerdings an, mit mir zu einer Tierpension zu fahren, wo ich meine Hündin lassen konnte, und dass ich dann bei ihr wohnen dürfte.

Es war die einzige Möglichkeit: meine Hündin in eine Pension zu geben, damit ich meine Sachen alle erledigen konnte, um wieder zurück nach Österreich zu kommen – gemeinsam mit der Hündin.

Erika fuhr mit mir ca. eine halbe Stunde, bis wir die Pension erreicht hatten. Meine Hündin wollte natürlich nicht dort bleiben und es schmerzte, dass ich sie einfach alleine zurücklassen musste. Sie heulte ohne Ende. Ich wollte einfach nur schnell weg, damit ich das nicht hören musste, weil alles schon schlimm genug war.

Die Pfleger waren aber sehr nett und machten mit meiner Hündin täglich Agility, was ihr auch riesen Spaß machte.

Erika war super und rief dort jeden Tag an, ob alles ok wäre und es meinem Hund e gut gehe.

Nun endlich bei Erika zu Hause half ich ihr im Haushalt und ging für sie einkaufen, da sie doch schon 79 Jahre alt war. Ich ging auch immer mit ihrem Hund spazieren.

Sie wohnte oben auf einem Berg und es war ziemlich anstrengend für sie, immer hinunter einkaufen zu gehen. Da es ja auch sehr heiß war. Es war auch für mich sehr anstrengend, da ich die Hitze nicht vertrage. Das erledigte ich dann für sie. Und ich war auch froh, dass ich nicht den ganzen Tag zu Hause war.

Erika hatte auch einen Radio, der defekt war und den ich zur Reparatur bringen musste. Ich brachte den Radio ins Geschäft und musste natürlich erklären, was ich wollte.

Der Angestellte dort sprach nur spanisch und kein englisch oder deutsch. Aber irgendwie hatten wir es dann geschafft uns zu verständigen.

Und meine Erika war glücklich, dass sie ihren Radio wieder hatte.

Erika war sehr nett und eine richtige Lady. Sie erzählte mir, dass sie im Krieg nach Spanien ausgewandert sei, und dass sie ihren Mann verloren hatte. Die Frau war spitze, sie war eine ehemalige Rennfahrerin und zeigte mir stolz ihre Fotos von den Rennen, an denen sie teilgenommen hatte.

Ich war wirklich froh, dass ich sie hatte und sie hatte dort niemanden und war auch froh, dass sie mich hatte. Ihr Sohn lebte zwar auch in Spanien, sogar im selben Ort, aber er kümmerte sich überhaupt nicht um sie. Und ich war dem Sohn ein Dorn im Auge, da ich für sie alles Mögliche erledigt hatte und sie mit mir richtig Spaß hatte.

Leider war sie auch ziemlich krank und ich musste mit ihr ins Spital fahren.

Aber obwohl Erika krank war, ist sie mit dem

Auto gefahren wie eine Rennfahrerin, dass selbst ich nur so geschaut habe.

Weil wir so schnell unterwegs waren, stoppte uns die Polizei und Erika musste aufs Revier mitkommen.

Sie hatte Angst, dass sie eingesperrt wird und ich war natürlich immer an ihrer Seite und passte auf sie auf. Sie durfte sich nicht aufregen, da sie eine Bypass-Operation hatte.

Zum Glück war es nur eine Geldstrafe und wir konnten wieder nach Hause fahren.

Sie hatte auch einen reichen Bekannten, den sie mir unbedingt vorstellen wollte. Aber ich sagte ihr, dass mich das nicht interessiert und ich bei ihr bleiben möchte.

Ich habe bei ihr auf dem Balkon geschlafen, da sie nur eine kleine Wohnung hatte. Ihre zwei Katzen und der kleine Hund haben immer bei mir geschlafen. Es machte mir nichts aus, draußen zu schlafen, da es sowieso sehr warm war.

Sie war total gegen Piercing und Tattoos. Und ich wollte mir unbedingt ein Zungenpiercing stechen lassen. Erika sagte nur, wenn ich das mache, dann schmeißt sie mich raus, weil sie das nervlich nicht aushalten würde. So sagte ich nichts mehr und ging einfach in ein Piercing-Studio. Ich fragte, ob ich nach dem Stechen gleich etwas essen könne oder wie das ablaufe, da Erika das nicht mitkriegen durfte, sonst wäre ein riesen Streit die Folge gewesen.

Nach ca. zehn Minuten hatte ich dann mein Piercing und ging nach Hause. Erika hatte für mich gekocht - Schnitzel mit Salat. Ich durfte mir ja nichts anmerken lassen und so würgte ich das Schnitzel langsam hinunter. Aber den Salat schaffte ich nicht. Der Essig war doch zu scharf. Ich wartete, bis sie aus dem Haus ging, und spülte den Salat im WC herunter. Ich war sehr froh, dass sie das nicht mitbekommen hatte, weil ich glaube, sie hätte mich hinausgeworfen. Ich hatte auch Glück, dass ich keine Schwellung hatte und ganz normal reden konnte. So fiel das Ganze nicht auf.

Sie war auch allergisch gegen Mobiltelefone, die hat sie gar nicht vertragen, wegen der Strahlungen. Zu Hause musste ich das Telefon immer ausschalten. Ich schaltete es dann immer auf lautlos.

Einmal in der Woche kam eine Haushaltshilfe. Die wurde vom Staat bezahlt, weil Erika nicht mehr alles allein machen konnte. Immer, wenn die Frau kam, musste ich in dieser Zeit die Wohnung verlassen, weil Erika Angst hatte, dass sie ihr sonst ihre Haushaltshilfe wegnehmen würden. Ich ging dann zum Strand oder spazieren.

Ich lernte eine Menge Leute kennen und es gab

auch sehr viele Homosexuelle auf Ibiza. Es war einfach nur herrlich, die Leute zu beobachten. Das allein war schon Unterhaltung pur. Ich saß oft Stunden lang am Strand. Und immer wenn ich ein Flugzeug landen sah oder abfliegen, dachte ich an zu Hause und wollte nur noch heim.

Es war hart, wenn man an ein Land gebunden ist und nicht weg kann. Aber es war auch eine sehr schöne Zeit und es freut mich, dass ich Erika hatte und sie war froh, dass sie mich hatte.

Sie war mein Anker und ich ihrer. Wir verstanden uns super und ich half ihr, wo es ging, um sie glücklich zu machen und zu entlasten. Erika war auch sehr dankbar dafür. Sie hatte ja selbst so gut wie nichts und auch das teilte sie mit mir. Und ich wusste es auch sehr zu schätzen, was sie für mich alles tat. Weil sie musste das nicht tun. Sie war eine sehr nette, einsame, alte Lady. Ich hörte mir sehr gerne ihre ganzen Geschichten an. Und sie freute sich immer riesig, wenn ich mit Begeisterung zu hörte. Sie war dann immer happy und traurig zu gleich. Weil sie einst mal eine reiche Lady war und dann so gut wie alles verloren hatte. Jetzt hatte sie nur noch diese kleine Wohnung und ihre Tiere in Spanien. Aber nach Deutschland wollte Sie nicht mehr zurück. Zu tief waren die Wunden und der Schmerz der Erinnerung an ihre große Liebe, die sie damals im Krieg verloren hatte. Sie zeigte mir viele Fotos, wo sie auch mit ihren Rennwagen abgebildet war. Sie war in jungen Jahren eine sehr attraktive elegante Lady. Wenn sie die Fotos ansah, wurde sie auch immer sentimental und sehr traurig. Es war schon ein hartes Schicksal.

Wir gingen auch fast täglich zum Strand, aber es war für sie sehr anstrengend, immer den Berg hinunter und wieder hinauf zu gehen. Oben am Berg gab es eine Ruine, wo wir auch des öfteren hinspazierten. Es war herrlich auf den Bergen Ibizas zu spazieren und einfach die Natur zu genießen. Wir hatten dann auch immer beide unsere Sorgen vergessen und waren einfach nur glücklich. Sie zeigte mir diverse Orte, wo man als Tourist gar nicht hingekommen wäre. Ich war froh, dass ich Ibiza von dieser Seite kennengelernt hatte.

Wir mussten einfach beide aus unserem Schicksal das Beste machen. Es war, wie wenn der Himmel mich zu ihr geschickt hatte, wie eine Bestimmung. Das Ganze konnte kein Zufall sein. Und ich hatte ihr Leben mit Freude erfüllt und sie meines. Es war auch, wie wenn wir uns ewig kennen würden. Wir waren so vertraut. Natürlich hatte jeder von uns seine Eigenarten, aber ich versuchte mich immer zu beherrschen, damit sie sich nicht aufregte, weil es ihr gesundheitlich sehr schlecht ging.

Erika und ich hatten jede Menge Spaß und eine verrückte Zeit.

Das Einzige, was ich noch hatte, war mein Mobiltelefon und so schrieb ich einem Freund von meinem Problem.

Der schickte mir dann per Western Union sofort Geld, welches ja normalerweise sofort behebbar ist. Nur in meinem Fall war es nicht so. Das Geld war zwar geschickt worden und ich hatte auch den Code zum Abholen, nur wusste keiner, wo das Geld war.

Erika rief jeden Tag bei Western Union an, um zu fragen, ob das Geld schon da sei. Nach ein paar Tagen glaubte sie, dass ich sie angelogen hatte, aber dem war nicht so. Das Geld war erst nach Wochen in Ibiza gelandet und niemand wusste, warum.

Ich war echt froh, dass ich das Geld bekommen hatte. Ich habe ihr dann etwas Geld gegeben, weil ich ja auch bei ihr wohnte und sie für mich gesorgt hatte. Und ich konnte endlich am Flughafen ein Ticket für mich und meine Hündin besorgen. Ein paar Tage später war endlich der Heimflug angesagt.

Meine Hündin und ich waren total glücklich, als ich sie von der Pension abgeholt hatte. Sie sprang mir entgegen und heulte und bellte wie verrückt. Ich habe vor Freude geweint, weil ich sie so vermisst hatte. Sie war ja sonst überall mit mir mit. Nur ein Tag ohne sie war schon einer zu viel – und dann so lange.

Wir hatten auf der Fahrt zur Pension schon meinen Koffer und all meine Sachen im Auto mit.

Erika brachte uns noch zum Flughafen und wir waren beide sehr traurig, dass ich ging. Aber es musste sein. Es war ein tränenreicher Abschied, der eigentlich nicht für immer sein sollte. Ich wäre sehr gerne bei ihr geblieben, nur wollte ich auch wieder zurück. Ich vermisste alles zu Hause und wollte nur noch heim. Es war kein leichter Abschied, aber es war leider ein Abschied für immer.

Ein Jahr später wollte ich sie eigentlich wieder besuchen. Zurück in Österreich hatte ich noch Kontakt zu Erika, wir telefonierten und schrieben Briefe. Doch eines Tages kam mein Brief wieder zurück mit dem Vermerk „verstorben".

Das war wirklich traurig, da ich mit ihr eine echt super Zeit hatte und sie mir wirklich sehr geholfen hatte. Ich werde niemals dorthin zurückkehren. Zu tief ist der Schmerz des Erlebten. Was sehr schön und toll war und auch sehr traurig zugleich.

Sie hatte mich gebeten, ihr zu helfen, dass sie ihren Lebensalltag in Österreich in den Bergen verbringen kann. Das wahr ihr letzter und größter Wunsch, den ich ihr leider nicht mehr erfüllen konnte, obwohl ich mich für sie umgeschaut hatte. Aber dazu kam es leider nicht mehr. Ich war ihre einzige letzte Hoffnung, dass sie Spanien noch einmal verlassen könnte. Sie war wundervoll und ich werde sie ewig in Erinnerung behalten.

Sehr geehrte Herrin Vanessa!

Ich möchte Ihnen sehr gerne als leibeigener Sklave dienen.
Mein bisheriger Ausbildungsstand: Fesselungen, CBT (Abbinden, Gewichte, Eis), Orgasmuskontrollen, verbale Demütigungen und Vorführungen. Auch KV, NS, Spuren und harte Schläge, Züchtigung mit Hand, Kochlöffel, Paddle, Lineal sowie Wachsspiele und Klammern an den Brustwarzen und Hoden mit Gewichten, Brennnesseln, Leckdienste, Fremdbenutzung. Ich gehe auch für Sie anschaffen als TV-Hure.

Ich begebe mich sehr gerne in die Hand meiner angebeteten und verehrten Gebieterin und freue mich jetzt schon auf den köstlichen Sekt meiner Herrin als Lohn für gute Dienste. Ich möchte meiner Herrin ausgeliefert sein, mich völlig Ihrem Willen unterwerfen und sie soll all ihre sadistischen Triebe bei mir ausleben können.

Ich freue mich sehr auf Ihre Antwort.
Devote Grüße

Zurück in Österreich arbeitete ich wieder kurzfristig in der Gastronomie. Dort lernte ich jemanden kennen, der wie ich einen Traum hatte: USA. Wir redeten oft darüber. Es dauerte nicht lang und ich hatte meinen Job gekündigt und Roland angerufen, ob er nicht Lust hätte in die USA zu fliegen. Er fragte nur, „warum, was ist los?" Und ich sagte, „ich habe gekündigt, wenn du möchtest, können wir morgen schon fliegen."

Er glaubte zuerst, dass es ein Scherz sei, aber dann merkte er, dass es mein Ernst war. Eine Woche später saßen wir schon im Flieger nach L. A. Schon bei der Einreise war es eine lustige Situation, weil Roland fast kein Englisch konnte; und von mir glaubte man, weil mein Englisch sehr gut war, dass ich einen Verwandtenbesuch machte.

Sie fragten mich öfters und ich sagte, Nein, wir machen keinen Verwandten-Besuch. Dann wollten sie einen Dolmetscher für Roland besorgen und ich sagte, dass es nicht nötig sei, ich könne ihnen alles übersetzen. Und zum Schluss klappte es auch so. Wir mussten unsere Koffer komplett auspacken, sogar die Zahnpastatube hatten sie geöffnet.

Es war eine geniale Zeit in Amerika. Wir wollten uns dort eine Ranch kaufen und Pferde züchten. Was aber nicht einfach war und auch an der Umsetzung scheiterte. Wir tourten dann von L. A. nach Phoenix, Utah, Grand Canyon, quer durch die Indianer-Reservate nach Las Vegas, San Diego usw. ... Bis rüber nach Mexiko und wieder zurück nach L. A. St. Monica, St. Barbara, Beverly Hills, überall waren wir. In einem Shop in Beverly Hills habe ich damals einen komischen Geruch wahrgenommen und ich fragte Roland, ob er das auch riechen würde. Er sagte ja. Fünf Minuten später waren wir beide total high - da wussten wir, was los war. Wir lachten ohne Ende und stolperten über den Randstein.

Als wir dann eine Dame nach dem Weg fragten und sie deutsch sprach, waren wir überrascht. Die Dame war aus Ungarn. Diesen Tag werde ich wohl auch nie vergessen. Einfach eine geile Zeit in USA. Ich lebte damals echt nur aus dem Koffer und flog von einem Land zum nächsten.

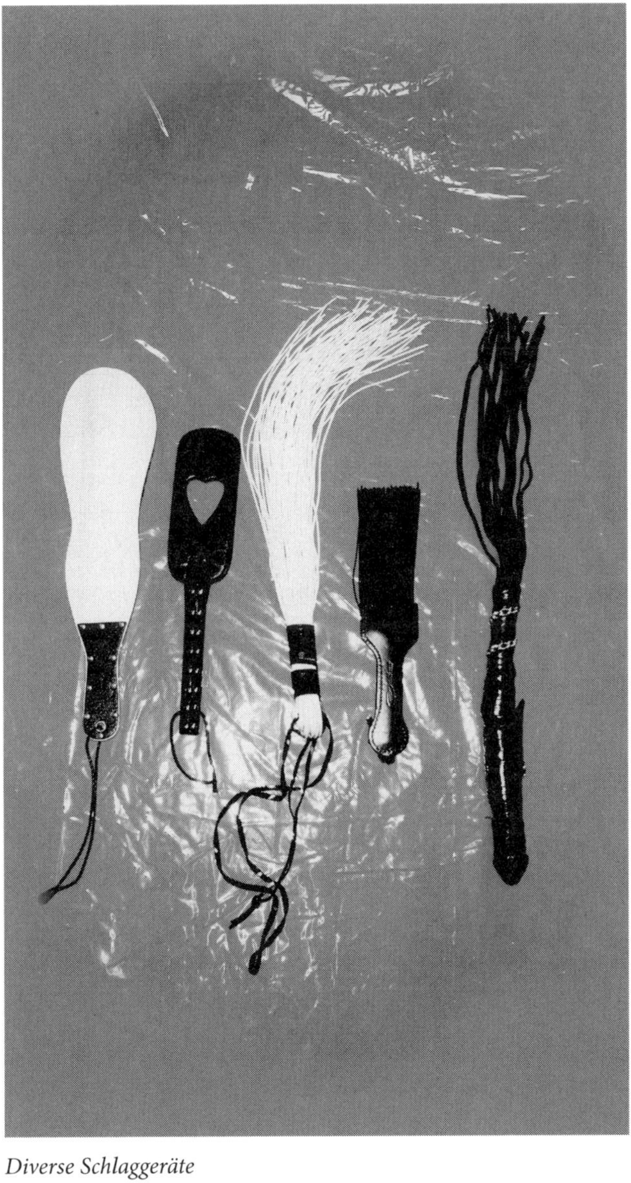

Diverse Schlaggeräte

Sehr geehrte potentielle Eigentümerin!!

Ich sehne mich stark nach Dominanz, bei der ich meine Devotheit und auch meinen Masochismus ausleben kann. Sie können mich benutzen, wann und wo immer Sie wollen. Auch öffentlich.

Sie können mich bespucken, ohrfeigen, treten, demütigen. Es ist mir eine Ehre, Ihnen dienen zu dürfen.

Es freut sich
Ihr devoter Sklave

Zurück in Österreich jobbte ich wieder im Büro, allerdings war es nicht von langer Dauer.

Wieder in Österreich hatte ich einen neuen Freund, den ich aber schon ziemlich lange kannte. Er wusste, dass ich nichts anderes wollte, wie als Domina zu arbeiten. Anfangs hatte er kein Problem damit, aber dann wollte er, dass ich mit diesem Job aufhöre. Und ich sagte Nein, da es für mich mehr als nur ein Job ist. Auch von ihm habe ich mich getrennt und er ging dann zu einem Militäreinsatz ins Ausland, weil er von mir Abstand brauchte. Er war nicht der erste Mann, der wegen mir ins Ausland ging.

Danach hatte ich drei Freunde gleichzeitig, die zufällig alle in derselben Firma arbeiteten. Und wie es der Zufall haben wollte, arbeiteten sie im selben Stock. Der eine hatte von mir ein Bild am Spind und die anderen zwei hatten ihn gefragt, warum er ein Bild von mir habe. da sie doch mit mir zusammen wären. Das war wieder mal eine typische Aktion, die nur mir passieren konnte. Danach waren sie noch mehr in mich verliebt. Alle anderen würden den Kontakt abbrechen, aber die nicht. Im Gegenteil.

Aber ich habe dann den Kontakt zu ihnen abgebrochen. Weil mir das dann einfach zu stressig war. Einen davon sehe ich heute noch ab und zu. Aber über diese Zeit sprachen wir nie wieder.

Werte Lady

Erlauben Sie mir, Ihr Sklave zu sein, den Sie nach Lust und Laune benützen können.
Ich bin auf der Suche nach einer Herrin, die mich

zu benützen weiß und mir den Platz zuweist, den ich brauche und verdiene. Zu Ihren Füßen als Ihr Hund.
Ich kann nicht sagen, ob ich wirklich würdig bin, Erfahrung als Sklave und Lustobjekt vorhanden.

Demütigst
Ihr Köter

Eines Tages im Sommer wartete ich in der Stadt auf eine Freundin. Ich wartete fast zwei Stunden. Aber ich wusste, dass sie kommen würde, weil sie mich angerufen hatte.

Und so stand ich hier nichts ahnend vor einem Geschäft, als mich plötzlich ein Mann von hinten ansprach. Er sagte nur Hello. Im ersten Moment dachte ich nur, der kann nicht mich meinen, das gibts nicht! Er war ein Mann, so wunderschön, wie man es sonst nur von Bildern kennt. Er war fast zwei Meter groß, breite Schultern. Ein Mann, wie ich es mir immer vorgestellt hatte. Als er mir dann noch sagte, er sei hier in Wien auf Urlaub und ein Marinesoldat, glaubte ich im falschen Film zu sein. Es war alles zu schön, um wahr zu sein. Wir verbrachten dann ein paar wundervolle

Tage in Wien. Das Ganze ging dann ein paar Jahre. Aber irgendwann konnte ich nicht mehr, da er ja in Amerika lebte und immer wieder auf Einsatz war. Und meine Sorge, dass eines Tages etwas Schreckliches passiert, konnte ich nicht länger aushalten. Aber dieser Mann war die Liebe meines Lebens.

Meine Dobermannhündin verstarb mit acht Jahren. Ich hab sie sehr vermisst, da sie überall mit war. Auch heute noch vermisse ich sie und denke sehr oft an sie. Sie war wunderschön und folgte aufs Wort. Nach dem Dobermann hatte ich einen anderen Hund, den aber dann eine Freundin von mir genommen hat. Ich hatte danach einen Cane Corso, ein wunderschöner Hund. Sie litt extrem an Trennungsangst. Sie war gerade mal zehn Monate alt und ich war die siebte Besitzerin. Leider musste ich sie an den Vorbesitzer zurückgeben, denn als ich nicht zu Hause war, hatte sie mir alles zerlegt und sogar die Wohnzimmertüre abgefressen. Das war leider nicht machbar. Dann habe ich eine Französische Bulldogge bekommen, die ich bis heute habe.

Ich arbeitete dann in Österreich, Schweiz und Deutschland als Tänzerin, was mir riesigen Spaß machte.

Meine Gebieterin!

Es ist mir stets ein großes Pläsier als Sklave zur Verfügung zu stehen, wenn eine dominante Dame wie Sie Ihre Neigung auslebt.
Ihre Suche entspricht exakt dem, was ich Ihnen geben kann.
Ein rechtloser Sklave zu sein, ein Gegenstand im Besitz meiner Herrin.
Sie erziehen mich streng, ganz wie es Ihnen gefällt.
Ich möchte Ihnen gehorchen und dienen. Ich möchte, dass Sie mich besitzen.
Ich vertraue Ihnen voll und ganz, dass Sie mit mir nichts machen, was bleibende Spuren oder Schäden hinterlässt.
Auch möchte ich als TV-Zofe ausgebildet werden.

Ich hoffe auf eine Antwort von meiner neuen Besitzerin.

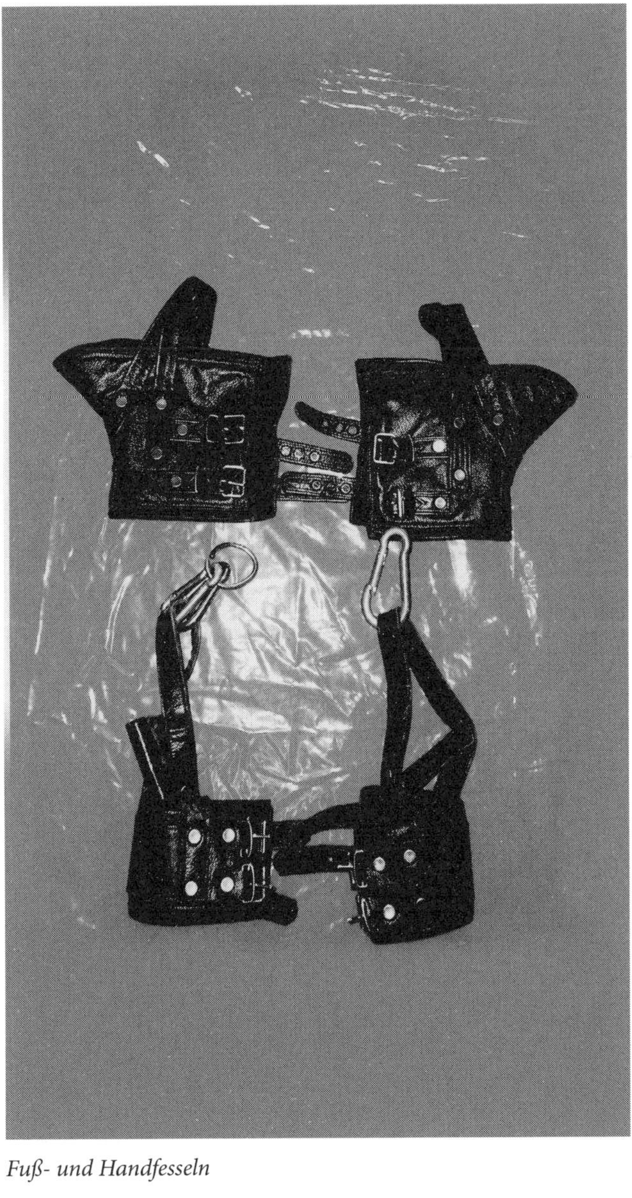

Fuß- und Handfesseln

Als ich in Österreich als Tänzerin arbeitete, habe ich per Zufall einen Mexikaner kennengelernt, der in Texas wohnte. Auch das war eine abgefahrene Geschichte und konnte wieder mal nur mir passieren.

Wir waren drei Wochen im selben Ort, da er geschäftlich in Österreich war und so verbrachten wir jede freie Minute zusammen. Er war ein lustiger, crazy Typ, fast zwei Meter groß. Nach drei Wochen musste er wieder zurück nach Texas, aber wir blieben in Verbindung. Wir telefonierten jeden Tag mehrmals trotz der enormen Zeitverschiebung. Das ging Monate lang so und wir wollten uns eigentlich wieder treffen. Als ich dann anrief und er auf einmal zu Hause nicht mehr erreichbar war und auch am Handy nicht mehr, hatte ich schon ein sehr komisches Gefühl. Am Anfang, die ersten paar Wochen war immer noch die Mailbox zu hören, aber dann war auf einmal das Telefon komplett abgedreht - kein Anschluss unter dieser Nummer.

Ich sagte zu meiner Freundin, halt mich für deppert oder nicht, aber ich spüre, er sitzt im Gefängnis. Sie fragte nur, wie ich darauf käme? Und ich sagte nur, ich spüre es.

Dann, fast sechs Monate später zu Weihnachten kam ein Mail von ihm, worin stand: I am sorry but I was in jale. Und ich sagte ihm nur, dass er mir das nicht sagen muss, weil ich das bereits weiß. Wahrscheinlich dachte er, dass ich spinne, aber ich wusste es wirklich.

Wehrte Lady,
Ich bitte, mich bei Ihnen bewerben zu dürfen.
Ich suche eine lustvolle, dominante Dame, wo ich meine Devotheit ausleben darf.
Ich stehe sehr gerne als Wichsobjekt, das nur spritzen darf/muss, wenn es erlaubt/befohlen wird zu Ihrer Verfügung.
Ich muss mich vor Ihnen auf dem Boden hinknien und meinen Schwanz auspacken und wichsen, dabei werde ich von Ihnen bespuckt, auch in den Mund.
Auch Fessel- und Rollenspiele in Richtung Flagellantismus bzw. Schmerzerotik gehören zu meinen Neigungen.
Ihre Lust steht selbstverständlich im Mittelpunkt!!!
Würde gerne tun müssen, was der Lady gefällt!

Ergebene Grüße

Kurz darauf lernte ich dann jemanden kennen, mit dem ich dann auch drei Jahre zusammen war. Aber er kam mit meinem Job (Tanzen, Strippen) nicht zurecht und so trennten wir uns wieder. Niemals hätte ich meinen Job wegen einem Mann aufgegeben. Warum auch? Es war ja nichts dabei und ich machte nichts Verbotenes. Natürlich sehen die Männer das anders, wenn sie mit einer Stripperin in einer Beziehung sind. Aber in diverse Lokale würden sie schon gehen und den Mädels zu schauen. Aber nicht mit mir, ich machte schon immer das, was ich wollte. Und überhaupt wenn es um Männer ging, war ich so gut wie kompromisslos. Sie waren ja genauso.

Kurze Zeit später lernte ich dann wieder jemanden kennen. Wir waren 2 Jahre zusammen. Er war der Erste, der kein Problem mit diesem Job (Tanzen) hatte. Er wollte sogar mit mir zusammen von Österreich weggehen. Nur hatte der eine Traumvorstellung:

Er dachte, ich sei seine Hauptfreundin und wollte noch Nebenfreundinnen. Ich sagte, ist alles kein Problem, dann nehm ich mir auch noch andere, mit mir kannst du ja über alles reden. Das hat ihm dann natürlich nicht gepasst. Nur er allein wollte das Recht. Aber sicher nicht mit mir! Und als er mir dann sagte, er habe eine 25jährige kennengelernt, mit der er Spaß gehabt hatte - was ich ihm aber nicht glaubte - hatte er das sicher nur gesagt, um meine Reaktion zu sehen. Aber ich hatte mit ihm schon seit Monaten abgeschlossen und es war mir egal. Und wenn er zig Andere gehabt hätte, wäre es mir egal gewesen, da ich selbst neben ihm schon seit einem Jahr einen Anderen hatte.

Ich sagte dann nur auf seine blöde Aussage, ist ok, dass du mit der 25jährigen Spaß gehabt hast, ich hatte gestern auch Sex mit einem Anderen und den habe ich schon seit einem Jahr. Er wird mir diese Aussage sicher nicht geglaubt haben, aber es war wahr. Und alle meine Freunde wussten es auch, nur sie hätten nie etwas zu ihm gesagt. Warum auch, es sind ja meine Freunde. Ich hätte ihm das nie so gesagt, wäre er nicht so blöd gewesen mit seiner Aussage. Aber dann muss er auch das Echo vertragen.

Viele Männer glauben ja echt, sie wären so oberschlau, aber so schlau bin ich schon lang. Danach trennten wir uns endgültig. Ich hätte das nie gemacht, auch nie einen Anderen neben ihm gehabt, hätte alles gepasst und wäre ich wirklich verliebt gewesen.

Ich sagte ihm auch oft, ich will nicht mehr, wir passen nicht zusammen, aber er wollte es nicht glauben, wollte es nicht hören, nicht wahr haben. Selbst jetzt noch meldet er sich ab und zu und kann es nicht lassen. Obwohl er sich verhalten hat wie der letzte Arsch. Aber für mich ist das Thema erledigt. Auch dass er Österreich dann verlassen hat, ist mir egal. Doch auch diese Zeit des Tanzens war dann für mich vorbei und so beschloss ich endlich das zu tun, was ich schon sehr lange wollte.

Und zwar ein Leben als Domina, welches ich endlich offiziell ausleben konnte.

Ich bin eine Domina aus Leidenschaft und lebe es auch heute noch aus. Zwar nicht jeden Tag, aber nach Lust und Laune. Mit Leuten, die es mir wert sind und wenn ich Spaß daran habe.
Es war für mich nicht nur ein Job, sondern Teil meines Lebens und das ist es auch heute noch. Meine Leidenschaft.
Gerade als Domina hat man sehr viele Möglichkeiten sich auszuleben. Allerdings ohne Sex und somit ist es perfekt, weil man selbst den Ablauf bestimmt.

Werte Mylady

Das, was ich suche, lässt sich leider nicht mit wenigen Worten beschreiben. Ich suche eine

dominante Frau, die es genießen kann, wenn ein Mann sich ihr hingibt.
Ich liebe es total, von einer DomLady beherrscht, gedemütigt und gequält zu werden, alles tun zu müssen, ganz so, wie die Lady es wünscht, und sollte ich diese Aufgabe nicht völlig zu ihrer Zufriedenheit erfüllen, erwarte ich natürlich eine Strafe dafür!
Überhaupt mag ich es sehr gerne von der Lady gedemütigt zu werden, sei es durch Worte oder mittels beschämender peinlicher Taten, die ich ausführen muss. Dirty Talking und beschimpft zu werden erregen mich sehr.

Ich würde mich gerne als Ihr Objekt zur Auslebung Ihrer Neigungen zur Verfügung stellen.
Ich kann Ihnen dienen ... Fußmassage, servieren ...
Oder ich kann Ihnen auch als Leckdiener zur Verfügung stehen oder Sie können mich spanken, fesseln, wachsen, Strapon, Dehnen, Fisten ...

Selbstverständlich kann ich als Dank für Ihre Gnade für Sie einkaufen gehen oder putzen.

Mit ehrfurchtsvollen Grüßen
Ihr Sklavenanwärter

Auch diese Sklavenbewerbung bestärkte mich in dem, was ich tat.

Anfangs hatte ich ein paar Übungssklaven, mit denen ich mich selbst weitergebildet habe. Ich wollte ja alles Mögliche aus probieren und dazu gab es Sklaven ohne Ende. Egal ob Nadeln, Klinik oder sonst was. Einige der Übungsobjekte kamen dann auch so als Kunden zu mir. Viele stellen sich gerne als Testobjekt zur Verfügung, weil sie dann nichts dafür bezahlen und man lernt sehr viel.

Die Sklaven erklären einem ganz genau, wie was funktioniert und was sie sich vorstellen. Bessere Lehrer kann man gar nicht haben. Viele können sich einen Besuch bei einer Domina auch nicht leisten. Sie haben oft Familie und Kinder und ein geringes Einkommen, mit dem das einfach nicht möglich wäre. Viele wollten dann auf Dauer gratis kommen, aber das machte ich nicht. Ich denke, sie werden sich auch bei anderen Damen als Übungsobjekt zur Verfügung gestellt haben.

Ich kenne z. B. ein paar Damen, die das privat ausleben. Und sich immer wieder Sklaven vom Internet suchen. Die wollen auch kein Geld dafür, nur Spaß. Das ist auch ein Grund, warum viele Sklaven privat zu jemandem gehen; weil es da nichts kostet, auch wenn die Damen keine oder nur wenig Erfahrung haben. Aber die Damen können an ihnen auch üben. Ein paar Damen sind durch mich auf den Geschmack gekommen und leben das jetzt auch aus. Aber privat, nicht beruflich.

Ich wurde von Freunden gefragt, woher ich das alles weiß, wie man was macht. Ich erzählte Ihnen, dass ich schon früher immer Videos angeschaut habe und Diverses an diversen Sklaven aus probiert habe. Ich war sehr froh, dass ich die Möglichkeit hatte, an Sklaven Diverses auszuprobieren, weil so konnte ich auch für mich feststellen, was mir gefallen hat und was nicht.

Sehr geehrte Herrin,

da ich mein weiteres Leben ohne Devotheit,
Bondage und Lecksklave nicht mehr verbringen
möchte, habe ich beschlossen, mich bei Ihnen zu
bewerben.
Ich bin in Bondage, Knebel und KG (Keusch-
heitsgürtel) erfahren und stehe gerne einer
Herrin im gefesselten Zustand als Leckdie-
ner zur Verfügung. Ich bin Verbalerotik, auch
härtere Beschimpfungen inkl. Auslachen etc.,
in Verbindung mit erzieherischen Maßnahmen
gewohnt, meist wurden neben Hand und Fuß

auch Gegenstände aus dem Alltag dazu herangezogen. Trampling, Facesitting, Spitting, NS sind für mich keine Fremdwörter. Bisher war der Fokus meiner Erziehung die Erniedrigung im FemDom-Bereich - in verschiedensten Formen (Rollenspiele/Putzsklave/Petplay).
Auf Knien bitte ich, Ihr Sklave werden zu dürfen, welchen Sie erziehen, erniedrigen, demütigen und ganz nach Ihren Vorstellungen benutzen können.
Ich freue mich Ihnen dienen zu dürfen
Mit untertänigsten Grüßen

Ich hätte niemals einfach so einen Kunden zu mir bestellt, ohne zu wissen, was ich tue. Viele glauben, sie nehmen eine Peitsche in die Hand und arbeiten als Domina. Nein, so einfach ist es nicht. Ich kann jemanden sehr stark verletzten, wenn ich nicht weiß, was ich tue. Man kann sowohl Sessions mit und ohne Spuren machen, aber man muss wissen wie und man braucht das Gefühl dazu. Eine meiner Kolleginnen – sie war keine Domina - wollte es mal probieren und ich zeigte ihr einiges. Aber sie verletzte den Sklaven richtig, weil sie nicht wusste, was sie tat. Sie glaubte, sie lässt einfach ihre Aggressionen an ihm aus. Aber so ist es nicht. Das ist die falsche Einstellung. Es geht nicht um Aggressionen, sondern um das Spiel von devot und dominant und alle Beteiligten sollen ihren Spaß haben. Immerhin ist der Sklave seiner Herrin, wenn er gefesselt ist, komplett ausgeliefert und er muss sicher sein können, das nichts passiert, was er nicht möchte.

Ich hatte ja Erfahrung, aber wollte eben noch viel mehr wissen.

Ich nahm mir für jeden meiner Kunden genug Zeit, um alles abzuklären, was möglich ist und was das Tabu vom Kunden ist. Denn es ist sehr wichtig, sich auch daran zu halten und die Grenzen nicht ohne sein Einverständnis zu überschreiten, da sonst bleibende Schäden entstehen können.

Gerade, wenn der Kunde selbst noch keine Erfahrung hat, muss man ihn dabei langsam heranführen und auch das Feingefühl besitzen, wie weit man gehen kann.

Denn er sollte zufrieden sein. Denn nur einen zufriedenen Kunden kann man als Stammkunden gewinnen. Und da zählt schon das Erstgespräch bzw. das Gespräch am Telefon.

Ich hatte zwar schon unzählige Dinge praktiziert, dennoch war ich aber auch immer offen für Vorschläge und Neues. Oft hatten die Kunden selbst geniale Ideen, welche ich dann auch sehr gerne umsetzte. Und zusammen kann man auch sehr kreativ sein.

Sehr geehrte Lady

Ich möchte mich im privaten Bereich einer Frau ganz unterwerfen und ihr als persönliches Lustobjekt dienen. Auch Cuckold, Bondage und Fisting ist eine sehr große Leidenschaft. Bin auch ein sehr großer Fan von der engl. Erziehung und des Rohrstockes mit Spuren und Striemen.
Würde gerne von Ihnen zum gehorsamen, willenlosen und dienenden Sklaven erzogen werden, kann auch härter sein, die Erziehung, da ich all die Schmerzen, die Sie mir schenken für Sie aushalten möchte.
Ich bitte Sie daher, mir die Gelegenheit zu geben, mich Ihnen vertrauensvoll auszuliefern und würde mich glücklich schätzen, wenn Sie meine Bewerbung berücksichtigen würden.

Ihr Fußsohlen Lecker

Telefonat

Das Telefon läutet, ich heb ab und melde mich:

Herrin Vanessa: Hallo?

Sklave: Guten Tag Herrin. Ich möchte gerne als Putzsklave dienen.

Herrin Vanessa: Wie stellst du dir das vor?

Sklave: Ich möchte meine Herrin glücklich machen, putzen, staubsaugen, Boden aufwaschen und diverse andere Arbeiten machen.

Herrin Vanessa: Was verstehst du unter diverse andere Arbeiten?

Sklave: Ich könnte für sie auch einkaufen gehen oder ihr Chauffeur sein, wenn sie das wollen.

Herrin Vanessa: Ich muss mir das überlegen, aber komm mal auf einen Termin vorbei.

Sklave: Wann darf ich zu ihnen kommen, Herrin?

Herrin Vanessa: Am besten du rufst mich einen Tag vorher an und wir machen einen Termin aus.

Sklave: Sehr gerne, verehrte Herrin! Ich möchte ihnen dienen und für sie da sein.

Herrin Vanessa: Ok, dann höre ich von dir. Bis dann.

Sklave: Schicke ihnen untertänige Grüße! Bis bald.

Manchmal machte ich auch zusammen mit einer Kollegin oder einem Kollegen eine dominante Session.

Was natürlich auch immer sehr spannend für den Kunden war. Weil er sich dann nicht nur auf eine Domina konzentrieren muss, sondern auf zwei. Und da stoßen die Kunden oft an ihre Grenzen. Auch wenn wir zu zweit eine Session machten, passierte natürlich nichts, was der Kunde nicht wollte.

Ich selbst habe nicht alle meine Kunden nur als meine Sklaven gesehen und diejenigen, die meine Sklaven waren, wurden dennoch mit Würde behandelt. Denn auch ein Sklave ist ein Mensch, der eben gerne mal in eine andere Rolle schlüpft.

Mit dem man sich aber trotzdem vor und nach der Session ganz normal unterhalten kann.

Mein erstes Studio, in dem ich gearbeitet habe.

Michael hatte schon viel getrunken, als er zu mir kam und wir gingen in das SM-Zimmer. Ich sagte ihm, er sollte vorher duschen gehen.

Da die Dusche defekt war, musste er sich im Whirlpool waschen.

Michael hatte etwas Duschgel in die Wanne gegeben und wir hatten die Düsen aufgedreht. Allerdings hatten wir nicht daran gedacht, dass der Schaum durch die Düsen immer mehr wird.

Michael saß nun im Whirlpool und der Schaum wurde immer mehr. Blöderweise ließen sich die Düsen nicht abschalten, da sie so programmiert waren, dass sie nach ca. 15 Minuten automatisch stoppten.

Michael war von Kopf bis Fuß mit dem Schaum eingedeckt und ich sagte zu ihm, er darf erst heraussteigen, wenn es aufgehört hat zu sprudeln.

Das ganze Zimmer war voll mit Schaum und ich hatte hier schon eine Menge Spaß. Er war sehr froh und erleichtert, als er heraussteigen durfte, da man von ihm überhaupt nichts mehr gesehen hatte. Anschließend kamen wir dann zum eigentlichen Programm.

Diese Szene werde ich nie vergessen. Ein Besuch bei der Domina muss nicht immer nur streng sein, sondern kann auch mal lustig sein. Vor allem war es für mich sehr erheiternd.

Sehr geehrte Herrin!

Ich bin keiner, der von einer Herrin zur nächsten geht, ich möchte eine Herrin auf Langzeit.
Ich liebe Fesselungen, Knebel, Gerte, Peitsche, Wachs, Gewichte, CBT, NS, Anal, Ohrfeigen,

Dilatoren, Bondage, Strapon, Fisting, Harnröhrenerweiterung, Lack/Latex, Nylons, High Heels … daher liebe ich auch Fuß- und Schuherotik.

In freudiger Erwartung verbleibe
mit devoten Grüßen

Ein anderer Kunde kam in voller Neopren-Montur im Auto.

Mit Flossen und Taucherbrille. So etwas hatte ich noch nie gehabt. Da er allerdings zu unserem Termin zu spät kam, fragte ich, was los war, warum er zu spät war?

Er sagte, er wurde wegen zu schnellem Fahren von der Polizei aufgehalten. Die Polizei dachte sich sicher ihren Teil. Eigentlich wollte ich ihn fürs Zuspätkommen bestrafen, aber ich konnte mich vor Lachen nicht halten. Aber mein Lachen war auch eine extreme Demütigung für ihn.

Unser Termin war dann sehr unterhaltsam, weil ihn das selbst sehr amüsiert hat, obwohl es ihm zugleich sehr peinlich war.

Sehr geehrte Lady

Ich möchte Ihr Gefangener sein. Ich möchte in eine Zelle oder einen Käfig weggesperrt werden und nach Lust und Laune von Ihnen benützt werden. Ich möchte gefesselt und geknebelt werden, dass niemand meine Schreie hören kann. Sie können mir einen Kübel als Toilette hinstellen, welchen ich dann auch selbst entsorgen muss. Gerne können Sie Ihre Freundinnen einladen und mich als Vorführobjekt benutzen.

Sie können mich alle benutzen, als Toilette, Spucknapf, Aschenbecher, Fuß- und Leckssklave. Das wäre mein größter Traum. Sehr gerne wäre ich Ihr Spiel- und Unterhaltungsobjekt.

Demütigst warte ich auf eine Antwort.

Es ist immer wieder spannend, was man als Domina erlebt. Du denkst, du hast schon alles gesehen und immer wieder kommt was Neues dazu. Gerade auch deshalb liebe ich es eine

Domina zu sein, weil kein Arbeitstag wie der andere ist. Ich werde auch oft gefragt, was meine Freunde und Bekannten dazu sagen.

Also, die sind da alle sehr aufgeschlossen. Obwohl niemand mit dieser Materie etwas am Hut hat, finden alle es immer sehr spannend, wenn sie wieder einmal eine lustige Story von mir hören können.

Einige von ihnen möchten es auch selbst mal ausprobieren, aber sie würden es nicht zu ihrem Beruf machen. Ich machte immer wieder Workshops, bei dem jede interessierte Dame Diverses ausprobieren konnte. Natürlich auch an einem lebenden Übungsobjekt, was die Damen immer sehr faszinierte, weil sie oft Vorstellungen hatten, es aber bei niemandem ausprobieren konnten. Bei mir hatten Sie die Möglichkeit, ihre Ideen auszuleben und neue Ideen zu bekommen. Es war für mich nicht nur ein Beruf, sondern eine Leidenschaft und das ist es noch immer. Gerade deshalb, weil ich es so gesehen habe, kamen meine Kunden sehr gerne zu mir. Sie spürten, dass ich es nicht nur wegen dem Geld mache, sondern weil es mir richtig Spaß macht. Und die Kunden merken es sehr wohl, aus welchem Grund jemand etwas macht.

Bei mir konnten sie sich richtig fallen lassen. Selbst wenn ich mal mit dem einen oder anderen über seine Grenzen ging, fing ich ihn sofort wieder auf. Somit wusste er, dass ihm nichts passiert und dass er bei mir in besten Händen ist. So wie es ja auch sein sollte.

Sehr geehrte Göttin!

Es ist der Widerspruch von meiner Herrin, den ich brauche, streng behandelt zu werden in Worten und Taten und sie dabei absolut abgöttisch zu lieben.
Es erregt mich extrem, mich einer Frau zu unterwerfen und ihren Befehlen zu gehorchen.
Als Objekt geschlagen zu werden, Tritte in die Hoden zu bekommen und das Poloch der Herrin sauber zu lecken. Sie können mich mit Ihrem Sekt und Ihren Kaviar abfüllen, wann immer Sie wollen. Meine Brustwarzen, Hoden, Eichel, Zunge, Po stelle ich sehr gerne zwecks Nadelung zur Verfügung. Ich liebe es auch in den Arsch gefickt zu werden mit Dildo oder Faust.
Sie dürfen mich auch mit Ihren Initialen branden.

In völliger Hingabe
Ihr Lustsklave

Ich liebe es jemanden zu führen wie ich möchte und wenn der Kunde zu 100 % Vertrauen zu mir hat.

Denn wie ich von Kunden schon gehört habe, halten nicht alle Dominas die Abmachungen ein. Wenn man gefesselt und wehrlos ist, ist man auf sein Gegenüber angewiesen und ihm ausgeliefert – also diesen Part kann ich mir für mich absolut nicht vorstellen.

Der Kunde war zwar für die Zeit, in der er bei mir war, mein Sklave trotzdem geschah nichts, was er nicht selbst wollte. Das ist ein absolutes No-Go.

Es ist das oberste Gebot, dass der Kunde volles Vertrauen zu mir hat, denn nur so kann ich die Session gestalten, wie ich es möchte, ohne dass er Angst haben muss, dass etwas geschieht, was für ihn ein absolutes Tabu ist.

Diese Tabus sollte man auf keinen Fall ohne Einverständnis überschreiten, sonst geht das Vertrauen und die Lust verloren und man verliert auch einen Kunden.

Denn nur einen zufriedenen Kunden kann man als Stammkunden gewinnen.

Viele Kunden suchen sich eine Domina aus, bei der sie fix bleiben. Natürlich gibt es auch Kunden, die zu verschiedenen Dominas gehen. Aber wenn sie eine haben, der sie vertrauen können und man sich immer besser kennt, kann man auch immer weiter an die Grenzen gehen und es ist für beide perfekt, weil jeder das bekommt, was er möchte. Eine Domina kann die Grenzen des Kunden neu setzen und der kann sich darauf verlassen, dass ihm nichts passiert, was er nicht möchte. So wie es sein sollte.

Sehr geehrte Herrin!

Ihre Blicke treffen sich mit den meinen, jedoch senke ich automatisch meinen Blick, wenn nicht, dann werden Sie dies mit Nachdruck erzwingen. Ihre Hand greift unter mein Kinn und streichelt danach sanft meine Wange, bis sie meine Haare zu fassen bekommt. Sie greift meinen Schopf fest und zieht meinen Kopf konsequent nach hinten. Gerade in dieser Situation könnte ich Sie ganz genau ansehen, dennoch wende ich meine Augen von Ihnen ab. Sie befehlen mit Konsequenz was ich zu tun habe und Ihr Griff an den Haaren wird noch intensiver, ich kann mich praktisch nicht mehr vom Hals aufwärts bewegen. Ich genieße es dominiert, erniedrigt und benutzt zu werden! Ich vertraue Ihnen! Ich fühle mich wohl!

Ein 25-jähriger, 190 cm/86 kg, attraktiver, sportlicher und knackiger Mann, der Ihre geliebte dominante Überlegenheit als größtes Geschenk ansieht. Bin aus München und mobil.

Telefonat

Herrin Vanessa: Das Telefon läutet. Ich heb ab. Hallo?
Sklave: Hallo Herrin, machen sie auch Klinik?
Herrin Vanessa: Was genau möchtest du?
Sklave: Ich möchte gerne Klistier, Katheter, Dilatoren und Nadeln.
Herrin Vanessa: Hast du in all dem Erfahrung?
Sklave: Nein aber ich möchte es gerne mal ausprobieren.
Herrin Vanessa: Am besten wir machen uns einen Termin aus und besprechen das Ganze vor Ort und ich zeig dir alles.
Sklave: Kann ich am Freitag zu Ihnen kommen Herrin?
Herrin Vanessa: Ja, Freitag ab 16 Uhr hab ich Zeit.
Sklave: Ok, dann 16 Uhr.
Herrin Vanessa: Ok, dann sehen wir uns am Freitag um 16 Uhr. Bis dann, tschüss.
Sklave: Ich freue mich sehr, Herrin! Bis dann.

Er war dann am Freitag da und ich führte in langsam an die diversen Praktiken heran. Es war eine tolle Session. Der Kunde war begeistert und kam dann alle drei bis vier Wochen auf eine Session vorbei.

Wir hatten viele tolle Sessions und probierten immer wieder Neues aus und es hat mich auch sehr gefreut, dass es ihm auch immer sehr gut gefallen hat.

Viele der Kunden sind beruflich selbst in gehobenen Positionen und müssen tagtäglich ihren Mitarbeitern Befehle erteilen, die diese dann auch ausführen und erledigen.

Gerade in der Chef-Etage muss man auch zu seinen Mitarbeitern streng sein, auch wenn man das vielleicht nicht immer möchte.

Aber ein Vorgesetzter ist eine Respektsperson, die sich auch immer wieder Respekt verschaffen muss.

Er muss hart durchgreifen, auch wenn es nicht immer leicht fällt oder er das gar nicht möchte.

Deshalb kommen viele Kunden auch aus der obersten Etage und genießen es, selbst einmal devot und ausgeliefert zu sein. Für einige ist es eine Art Entschuldigung, weil sie in der Arbeit die andern ständig kontrollieren müssen.

In der Session werden sie kontrolliert und müssen Befehle ausführen. Dies ist auch eine Art Ausgleich, den viele bei einer Domina suchen.

Sie geben ihre Verantwortung ab. Es muss nicht immer etwas mit der Kindheit zu tun haben. Viele können sich auch nicht erklären, warum sie einen Fetisch haben oder auf diverse Praktiken stehen. Vielleicht ist es auch eine Art, den Sex auf einer anderen, höheren Ebene zu erleben, als nur den normalen Sex. Weil man gerade im SM-Bereich sehr viele verschiedene Möglichkeiten hat, sich auszuleben und immer wieder was Neues entdecken kann. Somit wird es auch nie langweilig. Man geht gemeinsam diverse Wege und immer wieder neue.

Guten Tag!

Vor dem PC kniend und gefesselt, flehe ich meine zukünftige Herrin und Gebieterin an.

Bitte erlauben Sie mir, mich bei ihnen als Sklave zu bewerben. Ich bin P. und suche auf diesem Wege eine Lady, die mich erniedrigt und demütigt.

Meine Vorlieben sind: Stiefel & Schuhfetisch, Lack und Leder

Ich mag es, gedemütigt zu werden. Auspeitschen, Reitgerten-Dressur Rohrstockzüchtigung , Ohrfeigen, leichte Fesselung, Fixierungen, hartes Bondage, Handschellen/Fußschellen, Knebel
Mit Erwartung und Hoffnung auf Abrichtung verbleibe ich unterwürfigst

Ihr Sklave

Viele Kunden sind verheiratet oder in einer Beziehung, aber sie können sich nicht vorstellen mit Ihrer Frau darüber zu sprechen oder SM sogar gemeinsam auszuprobieren. Viele haben Angst vor der Reaktion des Partners.

Obwohl SM heutzutage nichts Fremdes mehr ist, ist es dennoch für viele Leute nicht normal und fremd.

Ich selbst finde alles normal, was beiden gefällt. Abnormal finde ich es, wenn es um Kinder und Tiere geht. Das finde ich wirklich krank.

Aber was ist schon normal? Für den einen ist dies und für den anderen ist das normal.

Wie ich auch selbst feststellen musste, können viele Leute mit dem Begriff SM bzw. BDSM nur sehr wenig bis gar nichts anfangen und lehnen es schon deshalb ab, weil sie gar nicht wissen, was das genau ist. Es ist doch so, dass man alles Fremde meist im Vorfeld ablehnt.

Wenn man nicht weiß, was es ist, kann man auch nicht sagen, dass es einem nicht gefällt. Wir leben zwar in einer scheinbar toleranten Welt, aber viele sind noch immer absolut intolerant.

Aus meiner Erfahrung kann ich auch sagen, dass gerade die scheinheiligen Moralapostel auch sehr gerne zu einer Domina oder einer Prostituierten gehen, es aber niemals zugeben würden. Die Gesellschaft kann froh sein, dass es Damen gibt, die diese Dienste anbieten. Ich möchte nicht wissen, was alles passieren würde, wenn es diese Dienste nicht gäbe.

Vor allem ist das für die Männer sehr unkompliziert. Sie bekommen eine Leistung und bezahlen dafür und müssen nicht damit rechnen, dass sie von der Dame privat belästigt werden. Hingegen, wenn sie jemanden in einem Lokal kennenlernen, wäre das viel mehr Aufwand und sie würden dann oft auch belästigt und hätten zu Hause einigen Erklärungsbedarf. Das alles fällt schon mal weg. Vor allem gibt es klare Vorstellungen. Der Kunde sagt, was er möchte und das bekommt er dann auch - soweit es legal ist. Ich habe die Sessions mit meinen Kunden immer sehr genossen. Obwohl ich mir oft gedacht habe: wenn die Frauen wüssten, was ihre Männer so treiben. Es waren ja nicht immer nur harmlose Dinge dabei.

Also wenn einer z. B. auf NS oder KV steht, kann ich mir nicht vorstellen, dass die Frau kein Problem damit hätte. Ich selbst möchte auch keinen Partner, der auf das steht. Geschäftlich ist das was anderes, den muss ich nicht küssen, aber privat geht das für mich gar nicht. Ein absolutes No-Go.

Auch aus der Angst heraus, was sich die Mitmenschen über einen denken würden, reden die meisten mit niemanden darüber. Mir persönlich war es schon immer egal, was andere von mir denken. Denn ich mache das, was mir gefällt und bin stolz darauf, dass ich meinen eigenen Weg gehe. Aber ich verstehe auch die Seite des Kunden, dass er nicht unbedingt möchte, dass jeder weiß, worauf er steht. Aus der Sicht einer Domina ist es ja anders. Man ist der aktive Part und nicht der devote. Deshalb muss ich mich auch für nichts genieren. Ich könnte mir allerdings den devoten Part für mich nicht vorstellen.

Durch einen Zufall bin ich dann auch zu meinem eigenen SM-Geschäft gekommen, welches ich liebevoll hergerichtet habe. Und es kamen immer wieder neue Ideen.

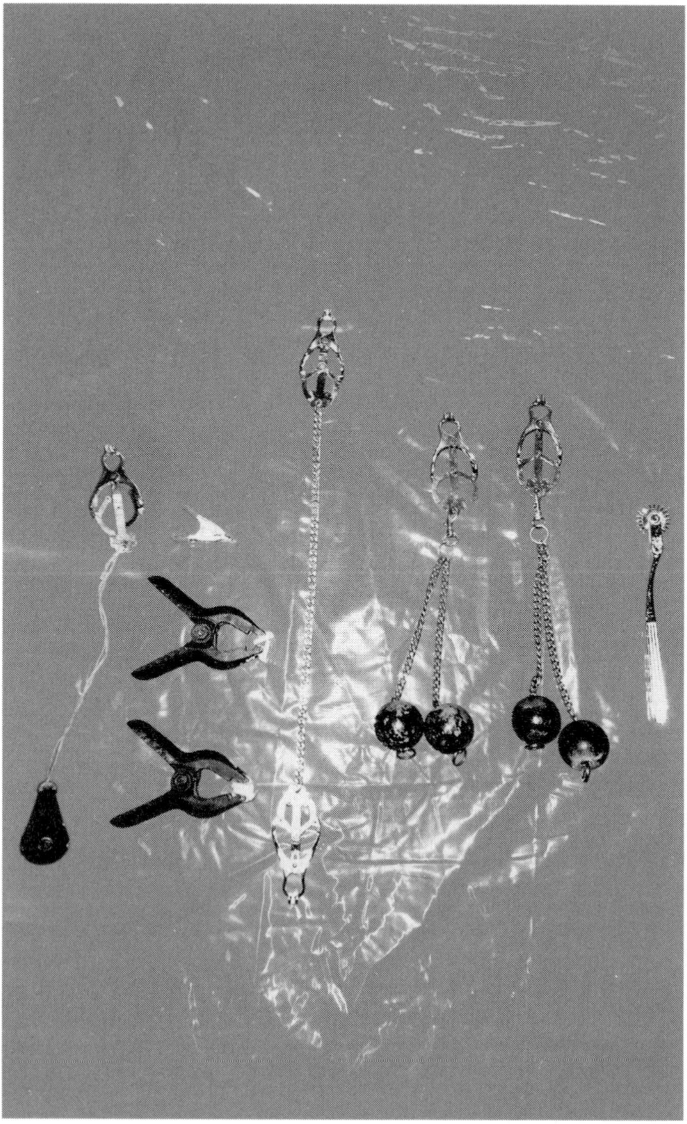

Verschiedene Klammern

Verehrte Madame!

Habe soeben Ihre Anzeige gelesen. Da kommt ja gleich mein Kopfkino in Gang. Gerne kann ich Ihr Sklave sein!

Ich steh auf
Masken aus Leder und Gummi
Augenbinden
Bestrafung
TV-Erziehung
genüssliche Latexstunden
Trampling mit nackten Füßen
Trampling mit High Heels
Fußerotik
Fußfolter
Lustfoltern aller Art
Freilanderziehung
Kettendisziplin
Strafknien und in der Ecke stehen
am Pranger stehen

Gerne nehme ich gehorsam meinen Platz neben Ihren Füssen ein. Ihre Schuhe und Beine werden auf Ihren Wunsch gerne durch meine Lippen verwöhnt!

Ich lege meine belastbaren Hoden in Ihre erfahrenen Hände. Diese sind sehr trainiert und stehen zu Ihrer Verfügung. Abbindungen, Gewichte, Nadeln, Fingernägel und Wachs stellen kein Problem für mich dar. Ebenso können Sie meine Brustwarzen nach Ihrem Ermessen benutzen.
Ich freue mich von Ihnen zu hören!

Untertänige Grüße
Ihr Sklave

Ich bin stolz auf das, was ich bis jetzt alles in meinem Leben geschafft habe und was ich noch schaffen werde. Aufgeben kommt für mich niemals in Frage.

Ich hatte auch schon einige Kolleginnen, die zwar ganz nett waren, aber mit denen ich beruflich nichts anfangen konnte.

Die eine Kollegin war zwar keine Domina, sondern nur eine normale Prostituierte und hatte keine Ahnung vom Geschäft.

Ihre Dienste fingen bei zehn Euro an. So etwas kann und will ich nicht verstehen. Gerade in ihrem Job sollte man meinen, dass man als Prostituierte mit wenig Aufwand viel verdienen möchte, denn sonst kann man gleich einen normalen Job machen.

Sie sagte zwar immer, sie macht das Geld mit der Masse, aber die Masse war nie da. Also für mich war es unverständlich und wir hatten deshalb auch unzählige Diskussionen.

Dann bot ich ihr an, sie zur Domina umzuschulen. Leider war auch das nicht möglich, da sie nicht geeignet war. Sie hat einfach nicht verstanden, um was es geht. Dass man als Domina nicht einfach seine Aggressionen loslassen kann. Man muss auch das Gefühl haben, wie man jemanden z. B. an die Brustwarzen greift, sie dem Kunden nicht gleich ausreißt ohne Gefühl. Ebenso wie diverse andere Dinge, die man einfach nicht machen kann.

Sie war eine sehr nette lustige Dame, aber beruflich nicht zu gebrauchen.

Sehr verehrte Herrin,

Sklave O. erlaubt es sich, sich bei Ihnen, verehrte Herrin, vorzustellen.
Ich habe bereits Erfahrung mit:
Käfighaltung

Streckbank
kopfüber aufhängen
an Armen und Beinen aufhängen
Spikes
Nagelrolle
Facesitting
Klinik und strenge Schwestern
Verkehr mit einer Sklavin
Dauerversklavung od. Sklavenvertrag
Langzeittortouren
Analstimulation
Analplugs
Ich bin sehr devot und diene aus Leidenschaft.
Ich bin stets bemüht die Aufgaben meiner Herrin mit Liebe und Hingabe zu erledigen, um der Herrin den Alltag zu erleichtern.
Ich bin sehr ehrlich, respektvoll und stets bemüht meiner Herrin ein gehorsamer Diener zu sein.

Untertänigen Gruß

Ich hatte einige Zeit einen Studiosklaven, der bei mir geputzt und auch handwerkliche Dinge erledigt hat. Das war für mich mehr als perfekt und ihm hat es auch riesen Spaß gemacht. Leider hat sich bei ihm die berufliche Situation geändert und es war nicht mehr möglich zu mir zu kommen, da er wegziehen musste.

Das war bei meinem Haussklaven ideal: Den konnte ich alleine lassen und er hat alle Arbeiten selbstständig erledigt. So wie es ja auch sein sollte. Danach habe ich alles kontrolliert, und wenn was nicht in Ordnung war, auch bestraft. Auch wenn alles in Ordnung war, habe ich mit ihm eine Session gemacht. Er bezahlte natürlich dafür.

Ich bekam dann immer wieder Anfragen von Putzsklaven, aber ich wollte das nicht mehr.

Ich wollte bei einem Arbeitssklaven nicht immer hinterher sein.

Außerdem hätte ich nicht die Zeit, jemanden ständig zu beaufsichtigen.

Als ich mein SM-Studio übernahm, war es vollkommen verdreckt. Es stand ja auch schon längere Zeit leer.

Die ersten drei Monate waren wir nur mit Putzen und Entrümpeln beschäftigt. Dann war es endlich soweit und die Sessions konnten beginnen.

Es waren Ladungen von Mist, das kann man sich gar nicht vorstellen. Aber mein braver Sklave hat das alles für mich erledigt. Nach und nach hatten wir die Kammer liebevoll hergerichtet.

Es war ein schönes altes Lokal auf drei Ebenen, Keller, Erdgeschoss und erster Stock.

Schönste Herrin!

Ich bete Sie an. Sie sind meine Göttin. Bitte erhören Sie mich.

Ich liebe:
Fisting
einfühlsame Dehnung
Strafklistiere
Einsatz von aufblasbaren Darmrohren
Katheter
Atemreduktion, Gasmasken und sehr enge Halsbänder ebenso stehe ich auf Zwangsabmelken. Ich habe auch Bi-Erfahrung und wurde als, Pony, Hund und Aschenbecher benutzt, auch als Putz- und Massagesklave.

Nach Leckdiensten traue ich mich noch nicht zu fragen - denke das ich mir das Recht Sie oral zu verwöhnen erst verdienen muss!

Bitte erhören Sie mich.
Ergebenst
Ihr zukünftiges Eigentum

Telefonat

Herrin Vanessa: Das Telefon läutet. Ich heb ab: Hallo?

Sklave: Hallo Herrin. Ich möchte gerne eine Rohrstock-Erziehung.

Herrin Vanessa: Wann möchtest du kommen?

Sklave: Sobald wie möglich. Ich brauche es dringend.

Herrin Vanessa: Morgen, 11 Uhr, hab ich Zeit.

Sklave: Ich kann erst um 12.

Herrin Vanessa: Dann um 12.

Sklave: Ok, um 12.

Herrin Vanessa: Tschüss bis morgen.

Sklave: Freue mich auf Sie. Bis morgen.

Mit dem Kunden hatte ich dann auch immer wieder tolle Sessions. Er stand nur darauf, mit dem Rohrstock bestraft zu werden. Er hatte oft extreme Striemen, aber er wollte es so. Die Striemen hielten dann ca. eine Woche an. Er konnte oft vor Schmerz nicht mehr sitzen. Wir haben auch oft während der Session gelacht. Aber er hat echt sehr viel ausgehalten. Es wurden sogar ein paar Rohrstöcke kaputt wegen der harten Schläge. Wenn ich ganz gemein war, wischte ich dann seine Wunden mit Tabasco oder Desinfektionsmittel ab. Das brannte dann herrlich. Oder ich goss heißes Kerzenwachs darüber. Ich liebe es, wenn ein Sklave sehr viel aushält. Ich bin eine leidenschaftliche Sadistin, umso mehr ich jemanden quälen kann, umso mehr Spaß habe ich an der Session.

Ein Stammkunde kam zu mir und wir gingen wie immer in den Keller. Ich fesselte ihn, sodass er sich nicht mehr bewegen konnte. Er liebte es, total wehrlos gemacht zu werden und mir total ausgeliefert zu sein. Der Kunde konnte sich zu 100% auf mich verlassen. Es war klar, dass ich nichts mache, was er nicht wollte.

Ich hatte ein Bad/WC unten im Keller und eines im Erdgeschoss. Ich bevorzugte immer das WC im Erdgeschoss, obwohl das andere viel schöner und näher war. Als ich dann ein dringendes Bedürfnis verspürte, sagte ich zu X, ich komme gleich, ich muss kurz aufs WC und rannte die Treppen hoch. Da rief er mir nach, Herrin ich muss auch aufs WC und ich sagte, passt, dann gehst du unten und ich oben. Er rief, wie soll ich gehen, ich bin ja gefesselt. Das war eine superlustige Aktion!

Wir machten des öfteren SM-Partys, die auch immer super waren. Es war sehr familiär und es waren immer die gleichen Leute. Somit kannte man sich auch.

Ein paar Monate, bevor ich das Lokal bekommen habe, bin ich durch Zufall zu meinem zweiten Hund gekommen. Wie schon erwähnt, hatte ich ja noch eine Bulldogge. Ich hatte ihn auch immer im Geschäft mit. Er sah aus wie ein Schäfermischling, getigert. Leider ist er Ende 2012 im Alter von nur zwei Jahren gestorben. Durch einen Unfall. Er hatte mit meinem zweiten Hund gespielt. Dabei dürfte er sich so sehr verletzt haben, dass er gelähmt war und nicht mehr aufstehen konnte. Es gab keine Rettung mehr und der Tierarzt kam zu mir nach Hause und musste ihn leider einschläfern. Es war sehr traurig, da er auch noch so jung war. Ich denke jeden Tag an ihn.

Sonntags veranstaltete ich immer Partys mit meinen Freunden, bei denen es immer ganz lustig zuging. Allerdings waren es keine Fetisch-Partys, da meine Freunde nicht darauf stehen. Jedoch gefiel ihnen stets das Ambiente in meinem Lokal sehr gut.

Sehr geehrte Herrin!

Sind Sie auch an einem TV-Mädchen interessiert?

Ich liebe es, Damenwäsche zu tragen, Slips, BH, Strapse, Strümpfe, Strumpfhosen, High Heels und Overknees.

Ich blase gerne Schwänze und liebe es in den Arsch gefickt zu werden.

Lassen Sie mich Ihre TV-Hure sein.

Bis bald
Ihre TV-Schlampe

Ich hatte einen Stammkunden, mit dem ich öfters shoppen gegangen bin. Er war also auch mein Shoppingsklave. Ich probierte diverse Sachen vor ihm. Schon allein das war die Erfüllung für ihn, seiner Herrin beim Probieren von Kleidung und Schuhen zuzuschauen. Er diente mir als Kleiderständer und ich schickte ihn um diverse Sachen. Wenn ich dann was Passendes gefunden hatte, bezahlte er das natürlich für mich und war glücklich. Als Dank dafür beschimpfte ich ihn auf der Straße oder er bekam eine gescheuert und war happy. Wenn er ganz brav war, durfte er meine Spucke aufschlecken oder ich spuckte ihn in den Mund. Es war immer ein geiler Shopping-Tag für beide.

Werte Contessa,

Mein Wunsch, endlich eine wundervolle, dominante Dame zu finden und mit ihr meine intimsten Fantasien auszuleben, besteht schon seit Langem ... Ich bin sehr lernfähig und möchte meine Grenzen ständig erweitern. Ich hoffe auf eine Antwort.

Mit demütigem Gruß,
Ihr Sklave

Mit einem Anderen bin ich Essen gegangen. Er war normal angezogen, aber mit einem Elektrogerät verkabelt. An seinem Schwanz und mit Klammern auf den Brustwarzen. Und ich hatte eine Fernbedienung. Also konnte ich ihm jederzeit ein paar Elektrostöße verabreichen, wann immer ich Lust dazu hatte. Und ich konnte die Impulse auch verschieden einstellen.

Es waren für mich je nach Lust und Laune kurze oder längere Impulse. Stärker oder schwächer dosiert, so wie es mir gefiel. Teilweise musste er auch einen Keuschheitsgürtel tragen. Es war geil. Ich bestrafte ihn auch im Lokal. Er musste vor mir knien, währenddem ich gegessen habe. Ich hatte für ihn ein eigenes Hundeschüsserl mit. Natürlich haben die Kellner geschaut, aber es eher lustig gefunden und nichts gesagt. Sie haben sich amüsiert und mein Sklave war glücklich, weil es genau das war, was er wollte.

Sehr verehrte Hoheit!

Ich bitte Sie untertänigst, dass Sie sich meiner
Erziehung annehmen.
Ich stehe total auf Fesselungen, Leder, Lack,

Latex, High Heels, extremste Fixierungen, NS, KV, Nadeln, Gummierungen und Mumifizierungen. Ich möchte als lebende Gummipuppe dienen. Meinerseits kann ich nur nochmals zum Ausdruck bringen, dass es schon immer mein innigster, lang gehegter Wunsch war und ist, mir meinen gerechten Platz zu Füßen meiner Herrin zu erarbeiten und es mich mit Stolz erfüllen würde, für Sie Ihre Insignien, die mich als Ihren Sklaven ausweisen, tragen zu dürfen.

Devote Fußküsse

Für NS-Liebhaber gab es einen eigenen Domina-Cocktail nach Art des Hauses mit Eiswürfel aus meinem Urin. Meine Sklaven liebten diesen Cocktail. Natürlich waren es immer frische Eiswürfel.

Für viele Sklaven gibt es nichts Besseres als den Natursekt Ihrer Herrin.

Ich bitte, mich bei Ihnen bewerben zu dürfen.

Ich suche eine lustvolle dominante Dame, bei der ich meine Devotheit ausleben darf.
Ich stehe sehr gerne als Wichsobjekt, das nur spritzen darf/muss, wenn es erlaubt/befohlen wird, zu Ihrer Verfügung.
Ich muss vor Ihnen auf dem Boden knien und meinen Schwanz auspacken und wichsen, dabei werde ich von Ihnen bespuckt, auch in den Mund.
Auch Fessel- und Rollenspiele in Richtung Flagellantismus bzw. Schmerzerotik gehören zu meinen Neigungen.
Ihre Lust steht selbstverständlich im Mittelpunkt!
Würde gerne tun müssen, was der Lady gefällt!

Ergebene Grüße

Der Kunde kam zu mir, unter seiner Kleidung trug er Unterwäsche, allerdings keine Herren-, sondern Damenunterwäsche. Einen blassrosa Body, was man nur von alten Damen kennt. Und mit einem String mit Strapsen. Er stand darauf, dass ich ihn auslachte, weil es echt lächerlich aussah. Dann musste ich ihn übers Knie legen und den Arsch versohlen. Was ich auch tat. Ich hatte ein Holzpaddel, welches dabei in zwei Teile zerbrach. Dafür bekam er noch mehr Schläge mit einem anderen Paddel, weil ich sauer war, dass es kaputt gegangen war. Sein Arsch war rot und blau und zeigte bald alle Farben, aber genau das wollte er. Das hielt dann ca. ein bis zwei Wochen, solange bis er wiederkam.

Geschätzte Contessa,

als absoluter Neuling auf diesem Gebiet erlaube ich mir trotzdem, mich bei Ihnen zu bewerben. Wohl wissend, dass das Leben kein Wunschkonzert ist.
Ich bin absolut willig und bereit mich Ihnen zu ergeben, absolut unterzuordnen, mich an meine Grenzen von Ihnen, verehrte Madame, führen zu lassen und diese auch im Laufe der Zeit von Ihnen und zu Ihrer Lust zu erweitern.
Bitte geben Sie mir eine Chance.

A. kam zu mir mit einer Tasche voller Damenkleidung. Er war ein DWT (Damenwäscheträger). Er liebte es, sich in der Kleidung zu präsentieren. Er stand auf Feminisierung. Allerdings durfte seine Frau davon nichts wissen. Ab und zu schminkte ich ihn auch, wenn seine Frau auf Geschäftsreise war. Ich machte aus ihm eine TV-Hure, entweder eine Edelschlampe oder eine billige Hure. Mit Strapsen, Minirock, Kleid, Bluse, Top, High Heels oder Overknee-Stiefel. Dann begann unser Rollenspiel. Er wollte für mich auf den Strich gehen und Geld verdienen. Es war ein sehr amüsantes Rollenspiel. Zugleich auch sehr geil. Viele Männer schauen ja in Damenkleidung echt sexy aus. Mit Perücke und allem Drum und Dran. Nagellack und falsche Wimpern. Das Ganze war immer sehr zeitaufwendig, aber der Anblick nachher hat sich immer gelohnt.

Werte Lady!

Ich finde diese Anzeige niveauvoll, ansprechend und eloquent verfasst und so sehen Sie mich um Ihr geschätztes Wohlgefallen werbend! Für den Liebhaber der weiblichen Dominanz ja geradezu eine Pflicht!!

Nun zu meinen Eckdaten – die ja bekanntlich nicht unwesentlich sind:
Ich bin 39, 172 groß, adrette Erscheinung, dunkle Haare, blaue Augen, gebildet und vielseitig interessiert. Mache in Jeans und Anzug eine gute Figur (nackt sowieso ;-)) und weiß mich darin zu bewegen; bin humorvoll, zärtlich mit romantischer Ader, lache sehr gerne, bin aufgeschlossen und warmherzig, liebesfähig und schätze die geistige und emotionale Herausforderung in jeder Hinsicht.

Erfahrungen mit SM mache ich seit ein paar Jahren und ich möchte diese Variante der Lust und Unterwerfung einfach nicht mehr missen! Es ist für mich ein Mehr an Intensität und Intimität.
Ich würde mich als Sub. mit einem leicht renitenten Touch beschreiben. Ich mache dies aus Freude und Lust an der Unterwerfung! Mir geht es dabei nicht nur um Fantasie und Lustempfinden, sondern um Leben und Lieben auf höherem Niveau – ich denke, Sie wissen, was ich damit meine!!! Erfahrung mit Unterwerfung und Hingabe, Befehlen und Verboten ist in vielerlei Hinsicht vorhanden.

P. war ein Kunde, der auf Petplay stand. Er wollte gerne in die Rolle eines Hundes oder Ponys schlüpfen. Er hatte auch immer seine Sachen dabei. Als Hund dressierte ich ihn und brachte ihm diverse Kunststücke bei, so wie bei meinen eigenen Hunden. Er musste unter anderem Sachen bringen. Und wenn er mal das Bein hob und markieren wollte, wurde er natürlich auch bestraft.

Als Pony hatte er sein eigenes Zaumzeug und seinen Sattel inklusive Pony-Schuhe. Der Analdildo mit Schweif durfte hier auch nicht fehlen. Bei den Petplays geht es in erster Linie um Spaß und Lust, dass das gespielte Tier seiner Herrin/Besitzerin gehorcht. Das Tier darf auch nicht sprechen und muss ebenso wie ein Tier handeln. Man kann auf seinem Pony reiten und ihm diverse Befehle geben.

Die Peitsche habe ich auch eingesetzt. Aber hier ist es dem Kunden vordergründig nicht um den Schmerz gegangen. Es war für ihn immer sehr entspannend. Ich stellte ihm auch immer eine Schüssel mit Wasser bereit.

Sehr geehrte Herrin!

Eines gleich vorweg, ich bin absoluter Anfänger. Aber meine Fantasie möchte ich schon seit Längerem umsetzen. Da mich der normale Sex nicht befriedigt.
Ich habe meine Neigung bis jetzt immer unterdrückt, das will ich aber nicht mehr, denn ich werde in einer normalen Beziehung nicht glücklich bzw. bekomme ich nicht das, was ich brauche. Ich sehne mich danach sexuell unterworfen zu werden, dienen zu müssen, benutzt zu werden, um die Lust meiner Herrin zu befriedigen.

Ich möchte auch meine Grenzen erweitern. Und für Sie immer mehr aushalten.

Ihr zukünftiger Sklave

M. kam aus den USA und sprach nur englisch. Er stand unter anderem auch auf diverse Rollenspiele. Eines davon war, dass ich seine böse, erotische Tante spielte und er war der ungezogene Junge.

Ich ging mit ihm in den Keller, dort musste er vor der Tür warten und anklopfen. Ich sagte, herein. Er musste dann zur Begrüßung meine Stiefel und meinen Absatz ablecken und küssen.

Dann musste er sich komplett nackt ausziehen. Was M. eigentlich nicht wollte, weil er sich schämte (im Spiel), aber es gab kein Pardon. Er versuchte mich dann immer zu verführen. Dafür wurde er z. B. mit der Gerte, dem Paddel oder dem Rohrstock bestraft. Ich stellte ihn ans Kreuz und fesselte ihn. Dabei behandelte ich auch immer wieder seine Nippel und seinen geilen Schwanz. Er kreuzte seine Beine und sein Schwanz war hart. Ich fesselte auch seine Beine ans Kreuz, sodass ich seinen Schwanz sehr gut sehen konnte. Ich hab ihn dann mit einer Schnur abgebunden, und immer wieder mit der Peitsche einen schwächeren oder stärkeren Klaps auf seinen steifen Sklavenschwanz gegeben.

Es erregte ihn sehr und mich auch. Ich zog dann meine Bluse aus, sodass er mich oben ohne sehen konnte. Aber er konnte mich nicht berühren, nur anschauen.

Ich steckte ihm dann verschieden große Plastikschwänze in den Mund, die er blasen musste. Es war ein geiler, erregender Anblick. Auch wenn ich seinen Schwanz anfasste, konnte ich spüren, wie er vor Erregung zitterte. Ich steckte ihm dann auch anal einen Dildo oder Plug hinein und befestigte den, damit er nicht herausfallen konnte. Dann kamen noch kleinere und größere Gewichte abwechselnd auf seinen Schwanz.

Nach ca. einer halben Stunde wechselten wir die Position. Ich fesselte ihn auf den Gynstuhl, mit Beinen und Armen nach hinten. Es kamen dann Klammern auf die Brustwarzen. Und er liebte es, anal gefistet zu werden. Es war echt geil für uns beide. Ich liebte es auch, ihn zu fisten. Und Analdehnung. Dann gleichzeitig seinen Schwanz wichsen, bis er kurz vor dem Höhepunkt ist und wieder aufhören. Ich liebte es, ihn wahnsinnig zu machen. Dann hatte ich ein Gel, welches angenehm kühl war. Das tat ich auf seinen Schwanz und auf die Eichel.

Er war so geil, dass er es kaum aushielt. Dieses Spiel dauerte dann ca. 15 Minuten. Dann entfernte ich die Klammern von der Brust und behandelte diese mit meinen Fingern. Peitsche und Wachs. Es war eine Gefühlsachterbahnfahrt für M. Aber er liebte es. Und ich liebte es genauso. Dieses Spiel dauerte ca. 10 Minuten. Die letzten 5 bis 10 Minuten entfesselte ich seine Hände und er musste selbst Hand an sich legen. Aber er durfte erst spritzen, wenn ich es erlaubt hatte.

Ich war schon sehr gemein, er hielt es vor Geilheit kaum aus. Dann musste er seine Hände wieder von seinem Schwanz entfernen. Dann wieder Hand anlegen und er durfte endlich abspritzen. Dieser Anblick allein geilte mich schon auf ohne Ende. Er ging dann duschen zog sich an, während ich aufräumte und alles desinfizierte. Als er mit Duschen fertig war, hatte auch ich meine Arbeit erledigt und die Kammer war wieder für den nächsten Kunden bereit.

Guten Tag Contessa!

Mein Name ist A. und ich bin ernsthaft daran interessiert, Ihr Spielzeug zu werden. Ich bin mir schon lange bewusst, dass mir kein Wunschzettel zusteht und ich zu Ihrem Vergnügen da bin und das ist auch absolut mein Begehr. Ich möchte von Ihnen benutzt und gedemütigt werden, wann immer Sie wollen.

Ich möchte, dass Sie meinen Willen brechen und mich willenlos machen.
Ich möchte Sie verehren und Sie verwöhnen, in welcher Hinsicht Sie auch immer möchten, auch sehr gerne finanziell.
Ich bin bereit für Sie alles zu tun. Ich möchte noch betonen, dass ich absolut kein "Wunsch-

zettelsklave" bin, sondern dass das zu geschehen hat, worauf Lady gerade Lust hat!

Untertänigst stelle ich mich vor - Ich flehe Sie an, lassen Sie mich Ihnen dienen - Ich gebe Ihnen viel Platz zum Quälen und zum Experimentieren – Sie können an mir und mit mir alles ausprobieren, was Ihnen Spaß macht. Ich möchte Ihnen nützlich sein und Ihnen dienen - mit meinem ganzen Körper - ausnahmslos - und ohne Einschränkungen ... Ich werde funktionieren so wie Sie es sich wünschen.

Bis bald
Ihr Servus

Im Juni 2012 habe ich das Studio geschlossen, da es den neuen Auflagen nicht mehr entsprach und eine Generalrenovierung für mich nicht in Frage kam.

Das gesamte Geschäft hatte ja drei Ebenen, aber im Keller arbeitete ich am liebsten.

Ich hatte im Studio drei Käfige, in denen ich auch sehr gerne Langzeiterziehungen machte.

Viele Kunden stehen auf Langzeitinhaftierung,

bei der sie weggesperrt werden und nach einer bestimmten oder unbestimmten Zeit wieder herausgelassen werden.
Wenn einer über Nacht blieb, dann wurde er nicht allein gelassen. Ich blieb dann natürlich auch im Studio, weil es viel zu gefährlich wäre, jemanden allein zu lassen, da ja immer etwas passieren kann. Aber auch das machte mir nichts aus. Ich legte mich dann auf die Couch und schaute TV und der Sklave fristet einstweilen sein Dasein im Käfig. Ich bin dann ab und an zu meinem Sklaven gegangen und hab ihn nach Lust und Laune zum Spielen rausgeholt und wieder inhaftiert.
So wie es mir Spaß machte.

Verehrte Göttin Contessa!

Ich möchte nichts anderes als Ihnen zu dienen und Sie glücklich machen.

Ich bin sehr belastbar unter anderem in folgenden Bereichen:

Elektrobehandlung
heißes Kerzenwachs

Eiswürfel und Kälte am Körper
Brustwarzenklammern, Klammern und Gewichte am Körper
Verhöre, peinliche Beichten
Präsentieren in versch. Stellungen
verschärfter Drill
Anspucken
Rollenspiele
Nadelungen
KV, NS
Nähungen
Gerne möchte ich meinen Horizont und meine Grenzen erweitern.

Ich demütiger Erwartung verbleibe ich und hoffe von Ihnen zu lesen.

Anal-Dehnungen und Anal-Fisting war sehr beliebt bei meinen Kunden, da sie hier immer weiter an ihre Grenzen stoßen und es auch ein sehr geiler Anblick ist, wenn die Männer einen Dildo oder einen Plug drinnen stecken haben.

Ich habe sehr viele Anal-Dildos und Plugs in diversen Größen, sodass für jeden das Richtige dabei ist. Die meisten sind mit Batterie betrieben und ich habe natürlich auch einen, den man an ein Elektrogerät anstecken kann. Und einen Massagestab, welcher mit einem Stromkabel funktioniert.

Dieser ist sehr beliebt bei den Kunden, weil er stärker ist als der Dildo mit Batteriebetrieb. Er gibt Impulse ab, die man in verschieden Stärken einstellen kann.

Womit wir schon beim nächsten Spielzeug sind, und zwar beim Elektrostimulationsgerät, welches bei den Kunden auch immer sehr gefragt war.

Von diesen Geräten gibt es sehr viele verschiedene, welche man mit selbstklebenden Pads überall am Körper befestigen kann.

Allerdings ist bei dem Gerät auch Vorsicht geboten, sollte jemand einen Herzschrittmacher besitzen.

Man sollte also immer den Kunden fragen, wie es mit seiner Gesundheit bestellt ist, damit er keine Kreislaufprobleme bekommt.

Guten Abend Lady Vanessa
Ich habe ein wenig Erfahrung im SM-Bereich, möchte diese aber noch weiter ausbauen. Meine Neigungen im devoten Bereich sind unter ande-

rem einfache Unterwerfung bis hin zu starken Schmerzen - ich wäre zu vielem bereit und habe auch Lust vieles auszuprobieren.
Bitte bringen Sie mich an meine Grenzen.
Ihre Schönheit und Ihre Ausstrahlung machen mich verrückt.
Ich flehe Sie an, mich zu erhören.

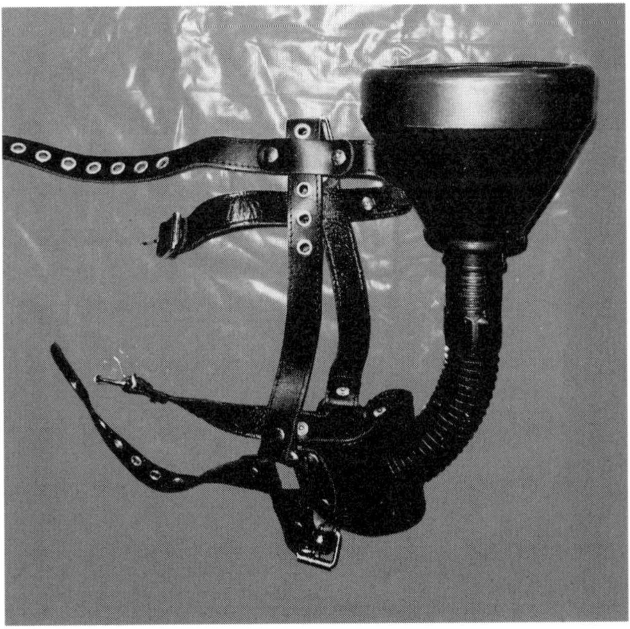

Der Trichter wird auf den Kopf des Sklaven geschnallt, er muss dann meinen Urin trinken.

Da ich nicht nur in Österreich arbeiten wollte, beschloss ich auch in der Schweiz zu arbeiten.

Ich hatte ja von der Schweiz schon sehr viel gehört und wollte mir selbst ein Bild davon machen.

Ich hatte mit einer angeblichen Domina aus der Schweiz Kontakt aufgenommen und am nächsten Tag bin ich schon im Zug auf dem Weg zu ihr gewesen.

Ich wusste ja nicht, was mich erwartete. Ich kam am Bahnhof an und fuhr mit dem Taxi zu dem sogenannten Studio. In diesem Studio arbeiteten auch Damen, die normale Sexdienstleistungen angeboten haben. Für mich war von Anfang an klar, dass ich nur als Domina arbeiten werde, egal was auch kommt.

Es gab dort eine Domina-Kollegin, die mich, als ich durch die Tür kam, sehr skeptisch ansah und glaubte, sie muss die Domina bei mir heraushängen lassen. Auch das stellte ich klar, dass sie das bei mir nicht machen brauchte.

Sie hatte nach außen hin eine extrem dominante Art, war aber als Mensch sehr nett und sehr verletzlich. Als sie mir ihre ganze Geschichte erzählte, nämlich dass sie Krebs hatte und von ihrem Mann misshandelt wurde, war mir klar, warum sie diese dominante Art zeigte.

Es war ihr Schutzmantel, den sie sich zugelegt hatte.

Die anderen Kolleginnen waren auch sehr nett. Am späteren Nachmittag kam dann die Chefin des Hauses.

Sie zeigte mir das Haus und das Zimmer, welches als Studio eingerichtet war.

Als ich das Zimmer sah, war ich geschockt. Was hier an Arbeitsgeräten/Spielsachen vorhanden war, ließ zu wünschen übrig. Ein Stuhl, drei Peitschen, drei Dildos, eine Kerze und ein Flaschenzug. Und ein Käfig aus Holz, welcher nur als Dekoration dort stand. Hätte man hier einen Sklaven eingesperrt, wäre der Käfig sofort kaputt gegangen.

Für mich war klar, dass ich hier nicht arbeiten kann.

Und so fragte ich sie, ob diese „Kammer" ihr Ernst sei.

Sie war stolz auf dieses Zimmer, doch ich wollte wissen, worauf sie da stolz sein konnte.

Es war einfach nicht genug zum Arbeiten vorhanden.

Sie meinte dann nur, dass sie in der Schweiz eine Top-Domina sei, worüber ich nur lachen konnte.

Ich dachte, dass sie selbst als Sklavin gearbeitet hatte und nicht als Domina.

Sie hatte von den einfachsten Begriffen und Dingen absolut keine Ahnung.

Womit sich meine Verwunderung bestätigte,

dass sie vor ihren Kunden die Sklavin mimte, aber niemals die Domina.

Im Gegensatz zu ihr wusste ich, wie ich vorgehen musste und welche Dinge man für welche Session verwendete.

Sie hat sich dann auch mit der anderen Domina-Kollegin über mich unterhalten. Die andere Kollegin sagte ihr allerdings, dass ich sehr wohl weiß, was ich mache und dass sie, die Chefin, keine Ahnung hat von einer Domina.

Die Chefin wollte für eine Stunde 500 Franken von den Kunden.

Meine Kollegin und ich sagten ihr, dass sie für dieses Zimmer, in dem sich nichts zum Arbeiten befand, auf keinen Fall 500 Franken verlangen könne. Weil das keiner zahlen würde.

Sie blieb stur und wollte 500 Franken pro Stunde.

Das Ganze eskalierte, sodass ich beschloss, mir etwas anderes zu suchen.

Sehr geehrte Herrin!
Ich bin sicher einer von Hunderten, die Ihnen dienen wollen.
Ich liebe Frauen in Overknees, langen Handschuhen und Kleidung in Latex, Lack oder

Leder. Ich liebe es, wenn Sie mich mit einer Ohrfeige begrüßen und ich sofort Ihre Stiefel lecken muss. Auch ein paar Schläge mit der Peitsche oder dem Paddel.
Ich möchte vor Ihnen wixen und Sie zwingen mich immer wieder kurz vor dem Abspritzen aufzuhören.
Ich möchte, dass Sie mich quälen, dass Sie mich verrückt machen, dass mein Schwanz heiß wird und die Eichel glüht. Bis Sie es mir erlauben, oder auch nicht, abzuspritzen.
Sie können mich währenddessen immer wieder schlagen und auch in meinen Mund spucken. Und pissen. Ich werde Sie sauber lecken, wann immer Sie es möchten.
Ich möchte Ihre Toilette, Ihr Spucknapf, Ihr persönliches Eigentum sein.
Ich freue mich, Ihnen baldigst dienen zu dürfen.

Ihr Servus H.

Ich setzte mich also vor den PC und suchte etwas anderes. Ich musste hier weg, andernfalls konnte ich für nichts garantieren.

Ich zahlte meine 150 Franken Tagesmiete. Das

Traurige war nur, dass die Chefin auf meine Miete angewiesen war.

Wie ich dann von der Kollegin erfuhr, hatte die Chefin das Studio erst vor vier Wochen eröffnet.

Sie hatte allerdings kein Geld, um Werbung für die Mädchen zu machen.

Sie glaubte, sie sperrt das Studio auf und die Massen kommen herein – nur das war leider nicht so. Meine Domina-Kollegin und ich finanzierten sozusagen ihre Miete.

Die Mädchen waren sauer und unmotiviert, da sie so gut wie kein Geschäft hatten. Außerdem fehlte die Werbung, da die Chefin sich das nicht leisten konnte.

Ich habe mich dann auch mit einem der Mädchen unterhalten. Sie hieß Diana und stammte ursprünglich aus Ungarn.

Sie war normale Prostituierte und verdiente nichts. Sie wusste nicht mehr, wie sie was zahlen sollte.

Ich sagte ihr, dass ich mir was anderes suche und morgen abreisen würde.

Ich suchte dann nach Studios in der Schweiz und wurde schließlich fündig.

Zu diesem Zeitpunkt ging ich aber nur von mir alleine aus. Es war ja nicht geplant, dass Diana mitkommen wollte.

Ich packte am nächsten Morgen meine Sachen

und machte mich startklar. Diana fragte mich, was ich mache, warum ich die Sachen packe. Und ich erklärte ihr, dass es für mich unmöglich war hierzubleiben.

Sie war immer noch fest entschlossen, mich zu begleiten.

Ich sagte ihr, dass ich erst fragen muss, ob das in Ordnung wäre, wenn wir zu zweit kommen.

Die neue Chefin sagte mir, es wäre kein Problem.

So packte auch Diana ihre Sachen. Eigentlich wollten wir, bevor die Chefin des Hauses wieder hier war, schon weg sein. Doch leider kam sie früher zurück als erwartet.

Es gab noch einen richtig heftigen Streit und ich sagte der Chefin, dass Diana mit mir mitkommen möchte und ich sie nicht von hier wegnehmen würde. Diana wollte ja unbedingt weg. Doch es sah für die Chefin so aus, als würde ich das Mädchen abwerben wollen. Worauf die Chefin zu mir sagte, ich wünsche dir noch ein schönes Leben und einen schönen Tod. Sie war eine frustrierte alte Frau.

Das war also der Abgang von Diana und mir.

Wir riefen uns ein Taxi. Der Taxifahrer brachte uns dann zum Bahnhof.

Beim Bahnhof angekommen, rauchte Diana eine Zigarette und ich besorge die Bahntickets.

Diana hatte absolut kein Geld und ich sagte ihr, Sie solle sich keine Sorgen machen, ich bezahle das Ticket für sie.

Ich ging also zum Schalter und kaufte zwei Tickets.

In Österreich ist es so: Wenn man zwei Tickets kauft, dann bekommt man eine Bestätigung für zwei Fahrten für zwei Personen. Ich hatte am Schalter nicht aufgepasst und so bekam ich nur ein Ticket und dachte mir, es sei wie in Österreich, denn ich hatte ja zwei Tickets angeschafft.

Im Zug eingestiegen, auf der Fahrt kam der Kontrolleur. Dann der Schock, er fragte uns nach unseren Tickets. Ich zeigte ihm das Ticket, welches ich fünf Minuten vorher beim Schalter gekauft hatte.

Dieses Ticket war jedoch nur für eine Person. Er fragte mich nach dem zweiten Ticket und ich erklärte ihm, dass wir nur dieses eine Ticket hätten und dass ich angenommen hatte, das Ticket sei für zwei Leute, weil ich beim Schalter gesagt hatte, ich benötige ein Ticket für zwei Personen.

Der Albtraum begann schon auf der Zugfahrt.

Der Kontrolleur wollte 120 Franken Strafe. Welche ich nicht bereit war zu bezahlen.

Ich sagte ihm auch, dass es doch logisch wäre, wenn wir zwei Personen sind, dass wir zwei Tickets gekauft haben und nicht nur eines.

Daraufhin rief er die Dame am Schalter an und fragte sie, wie das gewesen sei. Diese erklärte ihm, dass ich nur ein Ticket gekauft habe.

Die Diskussion ging ca. eine halbe Stunde und ich sagte nochmals, dass ich nicht bereit wäre, 120 Franken zu bezahlen.

Nach langem Hin und Her musste ich dann 40 Franken bezahlen. Diana und ich waren total sauer.

Das sollte kein gutes Zeichen für unsere Reise sein.

Diana war total fertig, weil sie zu Hause ein kleines Kind hatte und eine Schwester, die hochschwanger war. Weil sie keine Eltern hatten und Diana den Job machte, um die ganze Familie zu ernähren.

In dem Moment war ich auch ratlos, aber ich hoffte für sie, dass wir im neuen Studio gut verdienen würden.

Noch im Zug schrieb ich der Chefin eine SMS, wann wir mit dem Zug ankommen und sie sagte nur, ihr Mann würde uns abholen.

Am Anfang wussten wir gar nicht, dass sie einen Mann hatte. Wir dachten, sie wäre alleine.

Endlich an unserem Ziel angekommen, gingen wir noch in ein Geschäft, um uns eine Schweizer SIM-Karte zu besorgen. Damit wir auch in der Schweiz erreichbar waren.

Die Karte gekauft, raus aus dem Geschäft, stand schon der Mann da und wartete auf uns. Er brachte uns dann ins Studio. In dem Studio war noch eine Transe, die dort gearbeitet hatte.

Da nur ein Zimmer frei war, mussten Diana und ich in einem Zimmer schlafen.

Da es in der Schweiz üblich ist Tagesmiete zu bezahlen, war es Diana recht, dass wir uns das Zimmer teilen sollten, da wir dann weniger pro Person bezahlen mussten.

Mich selbst störte es nicht, mit Diana in einem Zimmer zu sein.

Allerdings war das Zimmer nur ca. 15 m^2 groß. Endlich am neuen Arbeitsplatz angekommen, schien alles perfekt.

Die Transe C. sprach mit uns Neuen zunächst kein Wort. Wahrscheinlich wusste sie nicht so recht, was sie mit uns anfangen sollte.

Die Chefin redete auch nicht viel. Nur ihr Mann, der redete ohne Ende und Mist.

Die Transe, Diana und ich saßen immer in der Küche, jeder mit seinem Laptop. Das war den Chefs gar nicht recht. Sie meinten, wir dürfen immer nur am Vormittag ins Internet, wegen der Kosten.

Die ersten drei Tage waren wir fast den ganzen Tag online, dann kam der Chef und die Chefin immer öfter und meinten, wir dürfen nur mehr kurz ins Internet.

Für Werbung, welche in der Schweiz sehr teuer war, mussten wir selbst aufkommen. Die Transe Chrissy hatte ein gutes Geschäft. Diana hatte gar kein Geschäft und ich hatte die Kunden von der Chefin übernommen.

Allerdings wollte der Chef von mir 120 Franken Tagesmiete und von den Einnahmen noch 40 %.

Was überhaupt nicht üblich ist. Normalerweise entweder Tagesmiete oder Prozente.

Diana war total am Ende, weil sie Ihre Tagesmiete nicht bezahlen konnte und ihre Schulden wurden von Tag zu Tag mehr.

Mit Chrissy hatten wir eine Menge Spaß. Sie war ein lustiger ausgeflippter Mensch.

Ich bin auch mit Chrissy einkaufen gegangen. Sie ging wie eine richtige Diva. Hatte endlos lange Beine. Ein sehr hübsches Gesicht. Sie war einfach wundervoll anzusehen.

Diana war fast immer nur zu Hause, da sie auch gar kein Geld hatte, um einkaufen zu gehen. Ich hatte ihr gesagt, sie solle sich keine Gedanken machen wegen dem Essen, ich kaufe etwas ein und sie braucht auch nichts bezahlen. Die Schweiz ist sehr teuer, auch im Supermarkt. Aber ich hatte genug Geld für uns beide.

Dianas Sorgen wegen ihrem Kind und ihrer Familie wurden von Tag zu Tag größer. Weil ihre

Schwester hochschwanger war, mussten sie in eine größere Wohnung umziehen. Somit musste sie drei Monate lang die doppelte Miete bezahlen und hatte noch gar keinen Cent verdient. Im Gegenteil, sie konnte nicht mal ihre Tagesmiete und Werbung bezahlen.

Der Typ, der uns die Werbung gemacht hatte, wollte das Geld für die Werbung auch sofort. Der Chef zahlte die Werbung für Diana und sagte, sie soll ihm das Geld in ein paar Tagen zurückgeben.

Die Tage vergingen und Diana hatte noch keinen einzigen Kunden. Der Chef wurde immer gereizter. Und Diana wusste nicht mehr, wie sie was zahlen sollte.

Zum Glück hatte ich Kunden und konnte meine Miete bezahlen.

Ich hatte dann auch einen Kunden, den wir zusammen bei uns im Zimmer gemacht hatten, da er nur Trampling wollte. Dafür braucht man keine Kammer.

Der Kunde wollte, dass wir die Session zu dritt machen. Ich hatte mich sehr gefreut, dass Diana jetzt endlich auch ein wenig Geld hatte und einen Teil der Schulden zahlen konnte.

Der Chef wollte von diesem Kunden auch 40 Prozent, was wir ihm aber nicht gegeben haben, da wir die Kammer nicht gebraucht hatten.

Dann wollte er Diana in ein anderes Studio

bringen, nach Deutschland. Und ich sagte nur, das kommt nicht in Frage, sie bleibt hier bei mir. Weil wir wollten auf keinen Fall getrennt sein. Ich hätte das niemals zugelassen und Diana wollte bei mir bleiben.

Die Chefs hatten einen drogensüchtigen Bekannten, der auch öfters anwesend war. Was uns – Diana, Chrissy und mir - absolut nicht recht war. Der sah aus wie ein Penner. Ein total ekliger Typ, dem man die Sucht schon von Weitem ansah. Er kochte auch ab und zu etwas für die Chefs. Ich hätte nie im Leben etwas davon gegessen, lieber wäre ich verhungert.

So einen grässlichen Typen mit in die Wohnung (Studio) zu nehmen, ist echt das Letzte.

Das alleine zeigte schon, dass es nicht normal war, was hier alles ablief.

Der Chef beschwerte sich oft bei uns über Chrissy, weil sie angeblich mit ihren Kunden am Zimmer zu laut war. Es war kein Studio wie man es kennt, sondern eine normale Wohnung, welche als Studio genutzt wurde. Und natürlich sind die Nachbarn nicht sehr erfreut, wenn sie diverse Geräusche mitbekommen.

Der Chef sagte sogar, er müsse wegen Chrissy den Mietvertrag auflösen, weil sie so laut sei.

Der redete nur Quatsch, sobald er den Mund aufmachte. Ich glaube, der hatte Komplexe, weil er ziemlich klein war und eine Schönheit war er auch keine. Er erzählte uns sogar, dass er sich wegen diesem Drogensüchtigen von seiner Frau scheiden lässt.

Dass der Typ ihr wichtiger sei als er. Er log, wenn er den Mund aufmachte.

Und am Abend lag er wieder mit seiner Frau im Bett. Wie gesagt, er erzählte nur Blödsinn. Was ihm keiner von uns glaubte. Er meinte auch, seine Frau hätte Millionen am Konto.

Wäre dem so, hätte sie es nicht nötig gehabt, noch als Domina zu arbeiten. Und sie hätte anscheinend auch eine Villa usw. Er hätte angeblich die teuersten Autos gehabt, die er verkaufen musste, weil er einen Unfall hatte. Also als Lügenerzähler hätte er sicher viel Geld gemacht.

Wir drei waren dann die meiste Zeit in unseren Zimmern. Chrissy war oft bei uns im Zimmer und telefonierte täglich mehrmals mit ihrem Freund. Sie war echt eine lustige Person. Aber auch zickig und divenhaft.

Die Chefin war selbst ganz verliebt in Chrissy und der Chef war total eifersüchtig. Und wollte sie deshalb auch rauswerfen.

Chrissy reiste leider ein paar Tage vor uns ab. Wir hatten mit ihr echt Spaß ohne Ende. Sie schminkte sich jeden Tag und verbrachte mindestens zwei Stunden damit, sich herzurichten. Als

Mann war sie nicht so hübsch wie als Frau. Aber sie hatte sehr viele Kunden. Viele fesche Männer kamen zu ihr. Und Diana war immer enttäuscht, wenn alle zu Chrissy wollten.

Als die Transe weg war, wurde der Chef vollkommen blöd und die Chefin auch.

Diana und ich mussten unsere Koffer draußen auf den Balkon stellen. Wir durften die Koffer nicht in unserem Zimmer lassen.

Die Chefs hatten ihr Schlafzimmer gleich neben uns und somit alles unter Kontrolle, dachten sie.

Diana hatte keine Kunden und Schulden ohne Ende. Wenn ich eine Session hatte, war es nicht möglich Diana dazu zunehmen. Ich versuchte ihr zu helfen, wo es ging.

Dann kam auch noch der Mann, bei dem wir die Werbung geschaltet hatten. Er wollte von Diana Geld. Wir wollten mit ihm alleine sprechen, dass wir vielleicht eine andere Lösung finden. Nur dann kam schon der Chef zur Türe herein. Und Dianas Plan war somit hinfällig. Sie meinte, sie könnte es vielleicht mit einer sexuellen Dienstleistung bezahlen.

Sie bezahlte also den Rest der Werbung und war nun vollkommen pleite.

Ich hatte die Probleme zum Glück nicht.

Der Chef wollte, dass ich mit Diana Fotos mache, weil ihre Fotos ohne Gesicht waren und er meinte, in der Schweiz macht man kein Geschäft ohne Gesichtsfotos. Also machte ich mit Diana diverse super Fotos.

Er ging uns dann jeden Tag auf die Nerven, dass wir neue Fotos machen sollen wegen der Werbung. Aber wir hatten bereits genügend sehr gute Fotos für die Werbung gemacht. Und es brachte nichts.

Wir waren schon richtig aggressiv, wenn er nur in unsere Nähe kam. Er wollte auch, dass ich von mir neue Fotos mache, obwohl ich super Fotos hatte.

Also machten wir von mir auch noch ein paar Fotos, damit er zufrieden war.

Wir waren von den täglichen Fotos schon total genervt und wollten einfach nur noch weg.

Da wir uns nicht mehr in der Küche aufhalten durften, kamen wir auch nicht mehr ins Internet. Sogar wenn wir duschen gingen, hatten wir Stress, warum wir duschen gehen. Wir verbrauchen zu viel Wasser und Strom.

Drei Tage lang überlegten wir, wie wir hier am besten abhauen konnten. Da unsere Koffer am Balkon stehen bleiben mussten und die Chefs alles mitbekommen hatten.

Diana rief einen ihrer Kunden an. Mit dem machten wir aus, dass er uns abholen soll.

Später rief sie ihn nochmals an und wir mussten das auf den nächsten Tag verschieben, da es uns nicht möglich war, die Koffer zu packen. Der Chef kam ständig zur Tür herein, als ob er ahnte, was wir vorhatten.

Am Abend lagen wir dann im Bett und stellten uns schlafend. Diana hatte Angst. Zum Glück behielt ich die Nerven.

Wir wussten ja nicht, was ihm als Nächstes einfiel. Ich schlief auch immer auf meiner Handtasche, da ich meinen Pass und alles bei mir hatte. Die Tasche hatte ich immer und überall dabei. Und ich sagte auch Diana, sie solle das so machen. Weil ohne Pass hätten wir nicht ausreisen können.

Wir mussten alles genau planen und durften keinen Fehler machen.

Weil der Chef hätte uns nicht weggelassen. Diana sollte ihre Schulden bezahlen und ich sollte ihm noch mehr Geld abliefern. Wir dachten uns, der kann uns mal.

Gesagt getan, am nächsten Tag gegen 22:30 war ihr Kunde bereit uns zu helfen.

Wir brauchten einen Helfer. Ohne Helfer wäre die Flucht nicht möglich gewesen.

Wir sagten R., er soll bei uns normal anläuten, als wäre er unser Kunde und wir machen ihm die Tür auf und er soll zu uns ins Zimmer kommen und die Koffer mitnehmen.

Erst kurz vor 22 Uhr gelang es uns, die Koffer unbemerkt vom Balkon in unser Zimmer zu holen. Wir waren so leise, dass man eine Stecknadel hätte fallen hören können.

Diana hatte solche Angst und ich beruhigte sie. Ich hatte die Befürchtung, sie könnte vor Angst noch einen Fehler machen und wir würden dann niemals hier wegkommen.

Jede kleinste Kleinigkeit hätte alles kaputt gemacht.

Wie geplant läutete R. bei uns an und wir machten die Türe auf.

Er kam herein, als wäre er ein Kunde von uns und wir fragten ihn laut, was er denn für Wünsche hätte.

Während dem Gespräch nahm er unsere Koffer und ging damit schnellstens zu seinem Auto.

Wir durften echt keine Zeit verlieren. Wir wussten, wenn die Chefs das bemerken würden, konnten wir wieder nicht weg.

Wir packten noch schnell den Rest zusammen und verließen so schnell wir konnten die Wohnung.

Ich hatte noch meine Lack- und Ledersachen an und meine Flip Flops. Es blieb keine Zeit zum Umziehen.

Wir legten noch Geld am Tisch, damit es nicht hieß, dass Diana ihre Schulden nicht bezahlt hätte.

Ich gab ihr Geld von mir. Ihre ganzen Schulden konnten wir nicht bezahlen, aber zumindest einen Teil. Im Nachhinein betrachtet war jeder Cent zu viel, den wir diesem Idioten dort gelassen hatten.

Draußen wussten wir nicht, in welche Richtung R. ging. Wir hatten Glück und gingen in die richtige Richtung.

Alles ins Auto gepackt am Weg nach Zürich. Zehn Minuten später, als der Chef bemerkte, dass wir weg waren, rief er uns viele Mal am Handy an und bedrohte und nötigte uns. Wenn wir nicht innerhalb von fünf Minuten wieder zurück sind, dann wird er seine Leute anrufen und die Polizei usw.

Und er meinte, wir hätten Schuhe gestohlen, im Wert von 600 Franken. Und er würde sich noch mehr Sachen einfallen lassen, was wir gestohlen hätten. Wir waren froh, dass wir endlich weg waren. Die Drohanrufe gingen die nächsten zwei Tage so, bis es mir gereicht hatte und ich ihm sagte, er solle sich zusammenreißen, sonst fällt mir noch was ein. Weil ich hätte ihn wegen Nötigung usw. anzeigen können und das habe ich ihm auch gesagt. Somit war Schluss mit dem Telefonterror. Der wird uns sicher auch nie vergessen. Aber ich möchte gar nicht wissen, was die Damen vor uns alles mitmachen mussten. Und der Typ von der

Werbung, wie sich später herausstellte, wusste, dass der Chef so ein Idiot war, aber er hatte uns nichts gesagt. Wir denken, dass er aus irgendeinem Grund Angst vor ihm hatte. Weil dem war wirklich einiges zu zutrauen.

Endlich in Zürich angekommen, dachte ich, es kann nicht mehr schlimmer kommen.

Doch ich wurde eines Besseren belehrt ...

Denn Schlimmer geht's immer …

Unser Helfer machte die Wohnungstüre auf und ich bekam sehr starke Kopfschmerzen.

Ich dachte mir nur, was ist jetzt schon wieder los.

Dann wusste ich, was los was. Er hatte in einem Zimmer eine Hanfplantage. Ich glaubte, ich drehe durch. Ich vertrage diesen Geruch überhaupt nicht. Vor allem war es so intensiv - das kann man sich gar nicht vorstellen. In der ganzen Wohnung war der extreme Geruch. Ich überlegte, ob ich nicht draußen auf der Straße schlafe. Irgendwie habe ich es dann doch geschafft, in dieser Wohnung zu schlafen.

Am nächsten Tag brachte uns der Bekannte dann in ein Studio, dessen Besitzer er kannte.

Dianas Bekannter war total verliebt in sie, aber sie wollte von ihm nichts, was ich sehr gut verstehen konnte. Der kiffte Tag und Nacht. Wahnsinn.

Im Studio angekommen, die nächste Katastrophe. Ein Mädchen von dort kiffte fast rund um die Uhr und so konnte man den Geruch schon vor der Türe riechen. Diana und ich wären am liebsten gleich wieder umgedreht. Nur, was tun? Wir hatten keine andere Möglichkeit. Und so mussten wir dort bleiben, ob wir wollten oder nicht. Es waren dort acht Mädchen und alle total unfreundlich und zickig, weil sie Angst hatten, dass wir ihnen ihr Geschäft wegnehmen. Für mich war klar, dass ich dort nicht arbeiten mochte und nur die Tage herumbringen möchte, bis wir uns auf den Heimweg machen konnten. Ich wünschte Diana Kunden, denn sie brauchte das Geld wirklich mehr als dringend.

Wir hatten noch fünf Tage, bis wir endlich wieder nach Hause fuhren. Diana hatte ihr Ticket erst einen Tag später nach Hause und es war für mich klar, dass ich sie nicht alleine lasse und den letzten Tag mit ihr durchstehe.

Wir trugen unsere Sachen nach oben, es war im zweiten Stock. Je weiter wir nach oben kamen, desto schmaler wurden die Treppen. Anschließend setzten wir uns zu den anderen Mädchen unten in der Küche. Die sahen uns mit großen Augen an und waren nicht sehr erfreut, dass wir hier waren. Wie auch wir selbst. Aber wir mussten die paar Tage noch durchstehen. Unsere Devise: Augen zu und durch.

Ich konnte in der Küche nichts essen. Was ich dort sah, werde ich wohl nie vergessen.

Eine Domina-Kollegin, sie war auch Sklavin und Prostituierte, hatte einen Kunden. Nachdem sie mit dem Kunden fertig war, musste sie die Dilatoren reinigen, was ja klar ist. Aber sie machte es nicht wie üblich mit Desinfektionsmittel und Wasser, sondern sie nahm einen Kochtopf mit Wasser. Diesen erhitzte sie und legte die Dilatoren hinein. Sie ließ das Ganze fast einen Tag in dem Kochtopf. Mir war echt total schlecht, nur bei dem Gedanken daran, dass hier vielleicht auch noch in dem Topf gekocht wird.

Und so war es auch. Am nächsten Tag kam der Chef und die Kollegin Sandy kochte für sich und den Chef etwas, und zwar in diesem Kochtopf. Das war echt an Ekel nicht zu übertreffen. Als sie dann Diana und mich fragte, ob wir auch was wollten, hätten wir uns fast übergeben. Wir sahen uns beide an und sagten nur, bevor wir hiervon was essen, würden wir lieber verhungern.

Die Kollegin Sandy wusste wahrscheinlich nicht, dass wir gesehen hatten, dass sie am Tag zuvor die Dilatoren in diesem Topf ausgekocht hat.

Sandy hatte auch mit dem Chef Sex, was sie uns auch stolz erzählte. Sie war seine sexuelle Sklavin, aber er bezahlte immer dafür, wie jeder andere Kunde auch. Wenn ich den Chef sah, wusste ich:

Um kein Geld der Welt würde ich mit dem was machen. Er hatte mit diversen Kolleginnen Sex und er behandelte sie alle wie Sklavinnen, aber die Mädchen machten mit, weil sie dafür gutes Geld bekamen. So viel kann mir niemand zahlen, dass ich mich als Sklavin zur Verfügung stelle.

Alle Mädchen dort machten auch einen Sklavinnen-Job, außer Diana und mir.

Ob es den Mädchen gefiel oder nicht, das weiß ich nicht, aber die Leute bezahlten gut dafür.

Ich würde nie als Sklavin arbeiten, weil ich weiß, dass es mir nicht gefällt. Soviel Geld kann keiner bezahlen, dass ich Spaß daran hätte.

Sandy war zwar eine sehr nette Kollegin, aber ganz dicht war sie mit Sicherheit nicht – wie die anderen Mädels auch. Jeden Tag war Party ohne Ende. Es war kaum auszuhalten.

Wir hatten ein Gefäß für den Urin. Das Gefäß mit dem Urin wurde aufgehängt und man konnte regeln, wie viel von dem Urin herauskommt, den der Sklave dann trinken musste.

Dieses Gefäß war verstopft und so hatte Sandy die schlaue Idee einen Entkalker zu kaufen.

Allerdings hatte sie ein Mittel gekauft, welches für Kalk an den Duschwänden usw. zu verwenden war. Anscheinend wusste sie nicht, dass sie etwas Falsches gekauft hatte.

Ich sah nur am nächsten Tag, dass dieses Gefäß mit dem blauen Mittel gefüllt war.

Und da der Wasserkocher immer verkalkt war, meinte sie, wir könnten das blaue Mittel vom Uringefäß gleich in den Wasserkocher geben.

Zum Glück habe ich sie dabei erwischt wie sie allen Ernstes das Mittel, welches vorher im Uringefäß war, in den Wasserkocher geben wollte. Ich möchte gar nicht wissen, wie oft sie das vorher schon so gemacht hatte. Ich sagte nur, stopp, das Mittel ist dafür nicht geeignet. Ich nahm normalen Essig und entkalkte den Wasserkocher. Was auch wunderbar funktioniert hat.

Sandy hatte leider überhaupt keinen Hausverstand und die anderen schon gar nicht.

Man kann doch nicht beides mit ein und demselben Wasser auswaschen. Ich sagte ihr dann auch, dass sie das falsche Mittel gekauft hatte, das dafür überhaupt nicht geeignet war.

Wie auch immer, in dieser Küche herrschte Ekel und Grauen ohne Ende.

Ich möchte gar nicht wissen, was dort sonst noch alles abgelaufen ist.

In der Schweiz ist es so, dass man zum Arbeiten eine Aufenthaltsgenehmigung benötigt.

Als wir dann auch noch erfuhren, dass der Chef uns keine Bewilligung gibt, weil sich das für die paar Tage sowieso nicht auszahlt, waren Diana und ich fassungslos.

Uns wurde gesagt, wenn eine Kontrolle käme und man keine Papiere hat, dann kommt man automatisch zwei Wochen in U-Haft. Wir dachten uns nur, na toll. Vom Regen in die Traufe. Es kam immer noch schlimmer. In diesem Studio gab es für die Mädchen keine eigenen Schlafzimmer, sondern wir schliefen einfach dort, wo die Mädchen mit den Kunden auch Sex hatten.

Diana und ich schliefen sowieso immer in einem Bett, das waren wir schon gewohnt.

Am nächsten Tag um zehn Uhr früh stand Sandy schon wieder da und alle Mädchen mussten putzen, da es keine Putzfrau gab. Ich putzte nichts. Ich war zwar dort anwesend, habe aber dort nicht gearbeitet, weil ich sowieso keine Lust mehr hatte. Ehrlich gesagt sah ich auch nicht ein, dass ich den Dreck der anderen entfernen sollte. Meinen eigenen Dreck, ja, aber nicht den der Mädchen.

Immer wenn ein Kunde kam, mussten sich alle Mädchen nach der Reihe vorstellen gehen und der Kunde sagte dann, wen er haben wollte.

Ich hatte nicht mal Lust mich vorstellen zu gehen. Ich saß eigentlich den ganzen Tag vor dem PC und chattete oder schrieb Mails.

Ich wollte einfach die paar Tage runterbiegen und dann nur noch nach Hause.

Diana chattete immer bis spät in die Nacht mit ihrem Freund. Der wusste, dass sie als Prostituierte arbeitete. Er war natürlich nicht begeistert, aber sie hatte leider keine andere Wahl.

Am Tag meiner Abreise beschloss auch Diana, wieder mit nach Zürich zu fahren. Was sicher die beste Entscheidung war.

Der Bekannte von Diana holte uns ab, brachte uns wieder nach Zürich und die beiden begleiteten mich zum Zug. Diana schlief noch eine Nacht bei dem Bekannten und fuhr dann auch nach Hause. Sie wollte eigentlich nicht zu ihm, nur hatte sie zu viel Angst wegen einer Kontrolle, sodass dies noch das kleinere Übel war. Ich hätte es wegen dem Geruch bei dem Typ nicht noch eine Nacht ausgehalten.

Ich war so froh, endlich im Zug nach Wien zu sein. Ich freute mich auf meine beiden Hunde.

Ich war zwar total fertig und todmüde, aber schlafen konnte ich nicht.

Neben mir saß ein junger Mann, Anfang zwanzig, der mir seine ganze Lebensgeschichte erzählte. Ich erzählte ihm von mir nicht viel, ich denke, er hätte diese Story nicht gepackt.

Dann waren noch zwei Inder mit uns im Abteil, ein Pärchen. Der Mann schnarchte ohne Ende und die beiden zogen sich dann auch noch die Schuhe aus. Es war Sommer und bei der Hitze war das fast nicht auszuhalten.

Ich war so froh nach langer Fahrt endlich wieder zu Hause zu sein.

Zwei Tage später am Abend chattete ich mit Diana, sie war auch schon zu Hause in Ungarn. Sie war überglücklich, endlich wieder bei ihrem Kind und ihrer Schwester zu sein.

Zu Hause musste ich mein Geschäft noch leerräumen, womit ich zwei Wochen beschäftigt war. Vieles habe ich verschenkt und die Leute haben es für den Flohmarkt abgeholt. Ich war froh, dass endlich alles ausgeräumt war.

Am Tag der Stromabschaltung im Geschäft war wieder ACTION großgeschrieben.

Ein Mann vom Stromlieferanten kam und schaltete den Strom ab. Er fragte gar nicht, ob alles in Ordnung war, sondern ging, sobald das erledigt war. Auf einmal ging bei mir die Alarmanlage im Geschäft los. Ich wusste zwar, dass ich eine Alarmanlage hatte, aber ich hatte den Code zum Ausschalten nicht mehr.

Ich rief bei der Polizei an und sagte, sie sollen bitte kommen, da sich der Alarm nicht ausschalten ließ. Es dauerte dann noch ca. 45 Minuten, bis die Polizei da war.

Wir bemerkten auch erst als der Mann von Wien Energie wieder weg war, dass im ganzen Nebenhaus und im Nebengeschäft genauso kein Strom mehr war.

Der Nachbar vom Nebengeschäft kam zu mir und fragte mich, was da los sei, er hätte keinen Strom.

Vom Haus daneben kamen die Hausmeister und fragten, was da los sei. Ich sagte, dass sie bei mir den Strom abgeschaltet haben, aber nur bei mir und ich hätte keine Ahnung, was los sei.

Sofort rief ich bei der Stromgesellschaft an und diese verwiesen mich an den Störungsdienst. Der Störungsdienst meinte, er könnte erst morgen kommen.

Der Nachbar vom Geschäft war total wütend, weil er ein kleines Restaurant hatte und er das ganze Mittagsgeschäft dadurch verlor.

Endlich, ca. zwei Stunden später kam der Störungsdienst und schaute, was los ist.

Sie stellten fest, dass mein Geschäft und das Nachbargeschäft ganz früher einmal eines waren und der Stromkreis derselbe für beide Geschäfte ist. Was allerdings nicht sein dürfte, aber nie geändert wurde.

Der Restaurantbesitzer flippte aus, da er unbedingt Strom brauchte. Die vom Störungsdienst meinten nur spaßeshalber, ob er nicht ein Bordell dazu haben möchte, weil das alles zusammenhängt.

Worauf er sagte, was mache ich mit einem Puff. Der Strom wurde dann wieder angeschaltet.

Auch bei mir im Geschäft war wieder Strom, was mir aber egal war, da der Zählerstand schon abgelesen wurde. Dann kam endlich die Polizei wegen des Alarmes. Ich hatte ein paar Helfer, um das Studio leer zu räumen. Die waren alle im Alter 50 plus.

Als die Polizei fragte, wer der Mieter des Bordells wäre und ich sagte, dass ich die Mieterin sei, staunten sie nicht schlecht und grinsten, da ich die jüngste von allen Anwesenden war. Ja, es war eine skurrile Situation. Sie verlangten meinen Ausweis und meine Daten.

Und die Männer vom Störungsdienst waren auch noch da.

Die Leute auf der Straße haben nicht schlecht gestaunt, denn es gab einen Menschenauflauf vor meinem Laden. Mit Polizei und Störungsdienst. Es war echt reif für die Zeitung, diese Aktion.

Als dann wieder alle weg waren, mussten wir –meine Helfer der Restaurantnachbar und ich – noch eine ganze Zeit lachen.

Wir räumten dann den Rest vom Lokal leer und somit war das Kapitel für mich endlich abgeschlossen.

Es gibt noch ein paar nette Geschichten, die ich Ihnen, liebe Leserinnen und Leser, nicht vorenthalten möchte. Von denen ich mich aber entschlossen habe, sie mit vielen Ausdrücken, die wir nur hier in Wien kennen, so zu belassen. Denn in

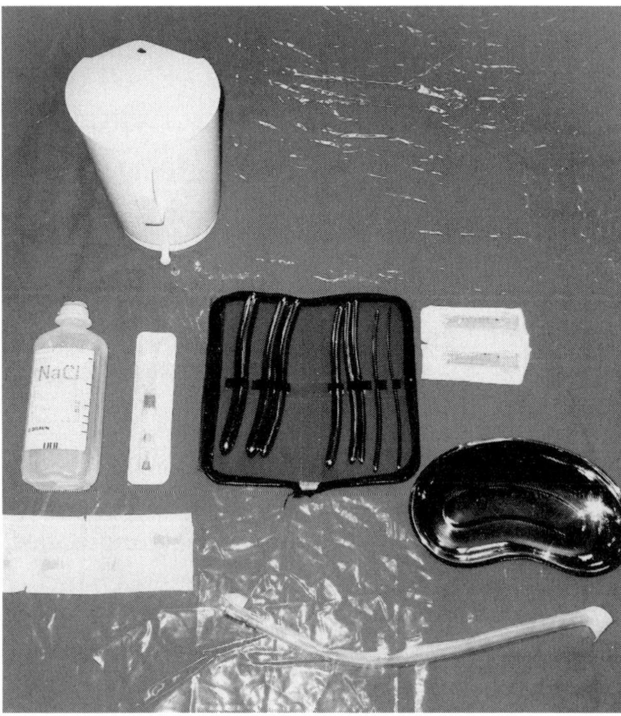

Kochsalz Lösung für Hoden Auf und Unterspritzung; steriles Gel zur Instillation zur einmaligen Verwendung; Dilatoren; Butterfly Injektion; langer dünner Katheter zur Harnröhren Erweiterung; Brechschale

Hochdeutsch übersetzt, würden diese Geschichten einfach nicht mehr dasselbe sein. Ich werde mich aber bemühen, diese speziellen Ausdrücke für Sie verständlich zu machen.

Ein Stammkunde hing bei mir unten im Keller am Kreuz. Ich bin aber in der Zwischenzeit rauf ins Erdgeschoss und habe auf E-Bay Schuhe ersteigert.

Er ist daweil am Kreuz gehängt, ich hab gesagt, ich komm gleich wieder. Dann war ich ca. 30 Minuten weg und hab alle Schuhe ersteigert. Es waren ca. 15 Paar. Dann bin ich wieder runter in den Keller. Der Sklave hat gefragt, wo waren sie. Herrin, und ich hab gesagt, ich hab mir Schuhe im E-Bay gekauft, die du bezahlen wirst. Eigentlich hab ich das nur als Scherz gesagt, aber er hat alle Schuhe bezahlt, aus Angst, ich lass ihn wieder allein hängen. Aber der Kunde stand darauf, extrem fixiert zu werden und dann so hängen zu bleiben. Er stand nicht auf Schmerzen.

Ich hatte eine Kollegin, die war im reiferen Alter und hatte sicher schon viele Jahre Gürtel oder Prater-Strich hinter sich. Sie war aber ganz nett. Hatte aber einen extremen Spruch drauf. Sie sagte immer, schä pomale, meine Gäst san ka Klumpert ned.

Es war noch eine andere Kollegin da, die beiden verstanden sich überhaupt nicht. Ein Kunde kam allerdings, weil er mit beiden eine Stunde wollte. Sie hatten normalen Sex angeboten. Die eine ging mit dem Kunden hinauf und die andere, reifere Dame nicht, weil sie sich mit der anderen nicht verstand. Ein Bekannter von mir war da auf Besuch. Der Kunde wartete auf die zweite Dame, aber sie wollte nicht. Dann sagte der Bekannte: Oider, entweder du bewegst dein Oasch do auffe, sonst tritt i di do auffe.

Worauf sie sagte: Schä pomale.

Ein Putzsklave kam zu meiner Kollegin zum Putzen. Sie zeigte ihm, was er alles machen sollte. Er fuhr mit dem Finger über die Bar, die sehr staubig war und sagte:

Bist du deppert ...

Worauf sie ihn zamgschissn hat und sagte: Was heißt bist du deppert, du bist zum Putzen da und ned zum blöd redn.

Ein Stammkunde war bei mir und brachte eine Fickmaschine mit. Ich fixierte ihn auf dem Sessel und am Flaschenzug. Er setzte sich auf die Maschine, die extrem viele Stöße pro Minute abgibt. Nach ein paar Minuten fragte er, ob ich einen anderen Aufsatz drauf geben könne. Ja, warum nicht, sagte ich. Als ich die Maschine abgeschaltet hatte, musste ich lachen. Der Aufsatz war abgebrochen und in seinem Arsch steckengeblieben. Er fands nicht lustig. Die Maschine war neu und teuer und er fragte mich, ob ich das umtauschen kann. Ich sagte, Nein, das muss er schon selber machen.

Ein Sklave kam, um sich bei mir als Putzsklave vorzustellen. Ich zeigte ihm das ganze Lokal. Oben im ersten Stock war die Therme für Heizung und Warmwasser. Die Therme war wieder mal ausgefallen und ich musste sie neu einschalten. Dazu musste ich aufs Bett steigen, welches ca. 60 cm erhöht war. Ich hatte High Heels mit ca. 20 cm Absatz und einen bodenlangen Mantel an. Ich stieg aufs Bett und schaltete die Therme ein. Als ich runtersteigen wollte, blieb ich mit dem Stöckel im Mantel hängen und konnte nicht vor und zurück. So machte ich eine Rolle vorwärts und lag dann vorm Sklaven, direkt zu seinen Füßen. Der schaute nur, anstatt mir aufzuhelfen. Ich sag zu ihm: Was schaust so blöd, hüf ma wenigstens auf.

Er: Herrin, normal is des umgekehrt.

Ja, dass er vor meinen Füßen liegt.

Ich: Des waas i scho söba, jetzt hüf ma auf.

Der arme Kerl war direkt überfordert mit dieser Situation.

Ein Kunde kam zur Tür herein, meine Kollegin machte auf, er wollte zu mir.

Sie schickte ihn rauf in den ersten Stock und sagte, ich komm gleich.

Ich ging rauf. Da stand er, mit ausgezogener Hose seinen Schwanz wixend und sagte, wir sollen ihm dabei zuschauen.

Meine Kollegin sagte, er soll mal bezahlen. Er gab ihr fünf Euro und sie gab ihm dafür zwei ordentliche Watschen. ***Er:*** Mehr Geld hab ich nicht.

Ich packte darauf seine Sachen, packte ihn beim Gnack und stieß ihn die Stiang oba. Ich machte die Tür auf und gab ihm einen Tritt, dass er direkt auf die Hauptstraße flog. Das Ganze natürlich nackt. Worauf er mich dann am Handy anrief und sagte, er möchte seine fünf Euro zurück.

Darauf sagte ich, du Trottel, a Watschn kost scho mehr als fünf Euro und legte den Hörer auf.

Eine Bekannte von mir kam zu uns ins Studio, weil sie uns die Vorhänge machte, gleichzeitig kam ein Kunde zur Tür herein, es war ein Schwarzer. Meine Kollegin sagte, er soll die Hose ausziehen und den Schwanz herzeigen, sie müsse schauen, wie groß er ist. Der Kunde machte das wirklich. Die Bekannte hat nur geschaut. Und war total überfordert mit der Situation. Worauf die Kollegin den Kunden fragte:
Wos wüßt? Ficken, blosen oder beides.

Nun zum Schluss noch ein kleines Nachschlagewerk für alle, die bisher mit SM keine Erfahrung hatten:

Adult Baby: Erwachsenen-Baby, Leute, die es lieben in die Rolle eines Babys zu schlüpfen

Aufspritzungen: Hodensack-Infusion, das Ganze wird mit einer Kochsalzlösung gemacht oder mit einer Kanüle in den Hodensack gespritzt

Bastonade: Dabei wird auf die Fußsohlen geschlagen

BDSM: Fesseln und Erziehung inkl. Beherrschung und Unterwerfung

Bizarr Lady: Hier bietet die Dame auch Geschlechts- und Oralverkehr an, auch Leck-sklaven Erziehung

Bondage: Fesseln kann man mit Seilen, Folie oder Ketten

Branding: Kennt man auch von Tieren, hier wird man gebrandmarkt und es bleiben dauerhafte Narben

Buttplug: Analstöpsel

CBT: Schwanz und Hodenfolter, hier wird der Penis unter anderem mit Seilen abgebunden und man tritt mit nackten Füßen oder Schuhen auf Penis und Hodensack, auch Tritte

Cockring: Ein Ring, welcher den Hoden und/oder Schwanz umfasst, damit der Schwanz länger steif bleibt und das Abspritzen verhindert wird

Codewort: Man macht sich ein Wort aus. Wenn dieses Wort fällt, muss man die Session sofort stoppen

Crossdressing: Der Mann trägt Damenkleidung

Cuckold: Der Mann wird dabei erregt, wenn er seiner Partnerin beim Geschlechtsverkehr mit einem anderen Mann zuschaut

Devot: Wenn jemand unterwürfig ist

Dirty Talk: Schmutziges Gerede, auch pervers

Demütigung: Jemanden auch öffentlich erniedrigen, beschimpfen

Dominant: Wenn jemand über den anderen bestimmt

Dresscode: Z. B. Lack, Leder, Gummi, Latex, Uniform, diverse Fetischkleidung

DWT: Damenwäscheträger

Englische Erziehung: Rollenspiele, z. B.: Lehrer/Schüler

Feminisierung: Der Mann wird als Frau hergerichtet, Tragen von Damenkleidung, auch Unterwäsche, Strapse, Rock, High Heels, Overknee-Schuhe, teilweise mit Perücke. Der Mann wird auch geschminkt und muss wie eine Frau in Stöckel laufen

Fisting: Einführen der Faust in die Vagina oder Anus

Fixieren: Jemanden anketten oder fesseln, ihn wehrlos machen, ihn unbeweglich machen. Die Person wird dadurch erregt, dass sie total ausgeliefert ist

Flag: Schlagen

Fußerotik: Fußliebhaber, der darauf steht, Füße zu küssen und zu lecken, oft auch in Nylon-Strümpfen oder Strumpfhosen. Er wird dabei sexuell erregt und kann zum Höhepunkt kommen

Gag: Knebel

Goldene Dusche: Spiele mit Urin

Harnröhrendehnung/-erweiterung: Edelstahldilatoren (Stäbe), verschieden dick, führt man langsam und vorsichtig in die Harnröhre ein. Zuerst dünne, dann immer stärkere Dilatoren

Kaviar: Auch KV bedeutet Kot

Kitzelfolter: Jemand wird extrem erregt, wenn er am ganzen Körper gekitzelt wird. Man kann auch eine Feder dazu nehmen und langsam über den Körper fahren

Klinikerotik: Z. B.: Klistier, Nadeln, Harnröhrendehnung, Aufspritzungen, Elektrostimulation

Klistier: Einlauf in den Darm

Masochismus:
Die Lust gequält zu werden

Mumifizierung: Hier wickelt man Körperteile oder den ganzen Körper mit Folie ein. Jemand ist dann hilflos ausgeliefert und wird dabei erregt

NS: Natursekt/Urin

Pet Play: Jemand schlüpft in eine Tierrolle und benimmt sich wie ein Tier, z. B.: Pony, Hund, Schwein. In diesem Zeitraum kann er nicht wie ein Mensch sprechen

Plug: Analdildo/-stöpsel

Rollenspiele: z. B.: Lehrerin/Schüler, Priester/Nonne, Tante/Enkel, Mutter/Kind

Scat: Diverse Spiele mit Kot

Spanking: Diverse Schlagspiele mit Hand oder Gerte, Rohrstock, Paddel
Spitting: Anspucken

Strapon: Umschnall-Dildo, damit kann die Frau den Mann anal nehmen

Switchen: Switcher stehen sowohl auf devot als auch auf dominant

Trampling: Auf jemanden mit oder ohne Schuhe herumsteigen

TV: Transvestit, Menschen, die gerne Kleidung des anderen Geschlechts tragen

Tunnelspiele: Ein Spiel, das, wenn es begonnen hat, nicht abgebrochen werden kann. Z. B., wenn man Chili auf den Penis gibt oder Brennnessel oder Ingwer in den After einführt

Vomit: Erbrechen

***Zwangsernährung*:**
Jemand wird gegen seinen Willen gefüttert

Meine Zukunftspläne sehen folgendermaßen aus: Ich habe hiermit mein erstes Buch geschrieben und schreibe gerade an meinem zweiten Buch, einem erotischen Roman. Ich werde wieder öfter als Model (auch Fetisch) und Schauspielerin arbeiten. Ich werde vor allem diverse soziale Projekte ehrenamtlich unterstützen. Ich werde meine Neigungen und Leidenschaft auch weiterhin ausleben, aber nur wenn ich Lust darauf habe. In Planung sind auch SM-Workshops für Anfänger. Alle News finden Sie auf meiner Homepage www.domina-vanessa.at. Vielleicht werde ich meine Geschichte auch verfilmen und darin selbst die Hauptrolle spielen.

Ich hoffe, Sie haben einen Einblick bekommen und auch diejenigen, die mit der Szene bis dato nichts zu tun hatten, können jetzt mehr mit dem Thema anfangen.

Mit besten Grüßen
Ihre Vanessa Newton